법구경

法句經

법구경

法句經

신홍식 역주

法 句 經

법구경

[維摩講院 寒照 辛興植 譯書]

1. 무구정광대다라니경(無垢淨光大陀羅尼經), 2007.

2. 경허집(鏡虛集), 2014.

3. 불조직지심체요절(佛祖直指心體要節), 2015.

[참고문헌(參考文獻)]

1. 漢韓 大辭典 東洋學研究所

[일러두기]

1. 번역의 편의를 위하여 부득이 따옴표 " "로 추임새를 넣었다.

2. 평서문(平敍文)을 때로는 가정문(假定文)이나 의문문(疑問文)으
   로 번역하였다.

서(序)

　법구경(法句經)의 원래 이름은 담마파다로 팔리어로는 '진리의 말씀'이라 한다.

　부처님께서 어느 한때에 하신 말씀이 아니고 여러 경전(經典)에 분포되어 있는 게송(偈頌)으로 인도(印度)의 법구(法救)가 처음 팔리어로 편집하였고 중국에선 오(吳)의 황무(黃武) 삼 년(三年) 유지난(維祇難)이 한역(漢譯)하였다.

　법구경은 부처님 말씀 중에서 대중이 가장 먼저 접하게 되는 글이며 한 번 보고 책장에 꽂아 두는 책이 아니라 수시로 손이 가게 되는 글이다. 그동안 여러 본의 법구경을 구해 읽다가 좀 더 공부해 보고 싶은 욕심에서 번역을 하게 되었는데 제대로 하려면 팔리어본을 위주로 하여 한역본을 참고로 해야 되겠지만 역자는 안타깝게도 팔리어를 알지 못하여 부득이 한역본을 참고하였다.

　대개 26품 423장과 해인사 고려대장경 판본에 수록된 39품 752장본이 있는데 본 번역은 전자를 택하였다.

　본문 중에 제6장 현철품 80과 제10장 도장품 145의 내용이 각(角)과 현(絃)으로 한 글자만 다르고 제18장 진구품 237, 238과 제

24장 애욕품 357, 358, 359와 제25장의 비구품 361과 제26장 바라문품 416 등은 한문(漢文)은 없이 유통되고 있는데 그 자세한 내용은 아직 알 수 없다.

　그동안 번역(飜譯)하면서 한자의 훈(訓)과 음(音)을 찾아서 겨우 옮기고 보면 역자 자신도 이해할 수 없는 번역이 되기를 수없이 반복하였고 읽을 때마다 게송(偈頌)에 담겨 있는 의미가 새롭게 느껴져 쓰곤 지우고 지우곤 다시 쓰기를 10여 년간 수없이 반복하였다.

　수미산을 한 번도 본 적 없이 수미산을 글로 옮기려는 것과 같아서 글자를 연결하기에 급급하였다. 부족한 번역이 되었지만 역자 자신에게는 몸과 마음을 비추어 볼 수 있었던 소중한 경험이자 거울이었다.

　　달이 인연(因緣)따라 천강(千江)에 비추듯이
　　일상(日常)에
　　아름다운 빛이 되소서.

　　　　　　　　　　　　　　　　2015년 국추(菊秋)
유마강원(維摩講院)에서 한조(寒照) 신흥식(辛興植) 삼가 쓰다

목 차

제1장 쌍서품(雙敍品)

펼침의 장

001. 心爲法本 心尊心使
　　　심 위 법 본 　심 존 심 사

　　　中心念惡 卽言卽行
　　　중 심 염 악 　즉 언 즉 행

　　　罪苦自追 車轢于轍
　　　죄 고 자 추 　거 력 우 철

마음이 법의 근본이 되나니

마음 따라 마음이 부리노라.

마음속으로 악한 일 생각하면

곧 말과 행동으로 묻어나리니

죄(罪)와 고통(苦痛)이 절로 쫓으리라

마치 수레바퀴 자국이 수레를 따르듯이…

002. 心爲法本 心尊心使
심 위 법 본 심 존 심 사

中心念善 卽言卽行
중 심 염 선 즉 언 즉 행

福樂自追 如影隨形
복 락 자 추 여 영 수 형

마음이 법의 근본이 되나니
마음 따라 마음이 부리노라.
마음속으로 착한 일 생각하면
곧 말과 행동으로 묻어나리니.
복(福)과 낙(樂)이 절로 쫓으리라
마치 그림자가 형체를 따르듯이…

003. 人若罵我 勝我不勝
인 약 매 아 승 아 불 승

快意從者 怨終不息
쾌 의 종 자 원 종 불 식

누가 만약 나를 꾸짖어서[1]
나를 이겼다 해도 이는 이긴 것이 아니라네.
거리낌 없이 이를 쫓는 자는
원망도 마침내 쉬지 않으리라.

004. 人若致毀罵 役勝我不勝
인 약 치 훼 매 역 승 아 불 승

快樂從意者 怨終得休息
쾌 락 종 의 자 원 종 득 휴 식

누가 만약 헐뜯고 꾸짖어서[2]
힘으로 이겼다 해도 나를 이긴 것이 아니라네.
흔쾌히 그 뜻을 좇아 주는 자는
원망도 마침내 휴식을 얻으리라.

---

1) 누가 만약 나를 꾸짖어서: 객관적(客觀的)인 관점(觀點).
2) 누가 만약 헐뜯고 꾸짖어서: 주관적(主觀的)인 관점(觀點).

005. **不可怨以怨 終以得休息**
불 가 원 이 원 종 이 득 휴 식

行忍得息怨 此名如來法
행 인 득 식 원 차 명 여 래 법

원한을 원한으로 갚는 것은
마침내 이로써는 휴식을 얻지 못한다네.
참아 가노라면 원한에서 휴식을 얻게 되나니
이를 이름 하여 여래의 법이라 하느니라.

006. **不好責彼 務自省身**
불 호 책 피 무 자 성 신

如有知此 永滅無患
여 유 지 차 영 멸 무 환

남을 꾸짖기를 좋아하지 말고
힘써 스스로 자신을 살펴야 하네.
이와 같이 알아차릴 수 있다면
영원히 "번뇌를" 멸하여 근심도 없으리라.

007. 行見身淨 不攝諸根
　　　행 견 신 정 　불 섭 제 근

　　　飲食不節 漫墮怯弱
　　　음 식 부 절 　만 타 겁 약

　　　爲邪所制 如風靡草
　　　위 사 소 제 　여 풍 미 초

　수행자는 자신이 청정한가를 살펴보아야 하니
　모든 뿌리, 즉 "六根(육근)"3)을 다스리지 못하거나
　마시고 먹는 것을 절제하지 못하면
　산만하니 겁에 질려 나약해지고
　삿된 것의 하고자 하는 바가 되느니라.
　마치 바람에 잡초가 쓸려 버리듯이…

---

3) 육근(六根): 안이비설신의(眼耳鼻舌身意).

008. 觀身不淨 能攝諸根
관 신 부 정 능 섭 제 근
食知節度 常樂精進
식 지 절 도 상 락 정 진
不爲邪動 如風大山
불 위 사 동 여 풍 대 산

자신의 부정(不淨)을 관(觀)하여

능히 모든 감각기관을 다스리고

음식에도 절도를 알아

항상 즐겁게 정진하면

삿된 것에 움직이지 않게 되리라.

마치 바람 앞의 태산(泰山)처럼…

009. 不吐毒態 欲心馳騁
　　　 불 토 독 태 욕 심 치 빙

　　　 未能自調 不應法衣
　　　 미 능 자 조 불 응 법 의

독한 버릇을 토해 내지 못하고
마음이 하고자 하는 대로 치달리며
능히 자신을 조복하지 못하면
법의(法衣)도 응하지 않으리라.

010. 能吐毒態 戒意安靜
　　　 능 토 독 태 계 의 안 정

　　　 降心已調 此應法衣
　　　 항 심 이 조 차 응 법 의

능히 독한 버릇을 토해 내고
계(戒)를 지키어 의식(意識)이 안정(安靜)되고
마음을 항복 받아 이미 조복(調伏)하였으면
이는 법의(法衣)도 응하리라.

011. 以眞爲僞 以僞爲眞
　　　이 진 위 위 이 위 위 진
　　　是爲邪計 不得眞利
　　　시 위 사 계 부 득 진 리

진실을 거짓으로 여기거나
거짓을 진실로 여기게 되면
이는 삿된 계교라서
참된 이익을 얻지 못하리라.

012. 知眞爲眞 見僞知僞
　　　지 진 위 진 견 위 지 위
　　　是爲正計 必得眞利
　　　시 위 정 계 필 득 진 리

아는 대로, 진실은 진실로 여기고
본대로, 거짓은 거짓으로 여기게 되면
이는 올바른 계교라서
반드시 참된 이익을 얻으리라.

013. 蓋屋不密 天雨則漏
　　　 개 옥 불 밀 　천 우 즉 루
　　　 意不惟行 淫泆爲穿
　　　 의 불 유 행 　음 일 위 천

지붕 잇기를 촘촘히 하지 못하면
하늘에서 오는 비가 곧 새듯이…
의식을 사유(思惟)하여 행하지 않으면
음탕한 마음이 뚫고 나가리라.

014. 蓋屋善密 雨則不漏
　　　 개 옥 선 밀 　우 즉 불 루
　　　 攝意惟行 淫泆不生
　　　 섭 의 유 행 　음 일 불 생

지붕 잇기를 촘촘히 하면
비가와도 새지 않듯이…
의식을 다스리고 사유(思惟)4)하여 행하면
음탕한 마음이 생기지 않으리라.

---
4) 사유(思惟): 깊이 생각하는 것.

015. 造憂後憂 行惡兩憂
조 우 후 우 행 악 양 우
彼憂惟懼 見罪心懅
피 우 유 구 견 죄 심 거

지으며 근심하고 짓고 나서 근심하나니
악한 짓 하고 나면 이래저래 근심하게 된다네.
저 같은 근심은 생각수록 두려워서
죄를 보게 될 것이기에 마음이 두려우니라.

016. 造喜後喜 行善兩喜
조 희 후 희 행 선 양 희
彼喜惟歡 見福心安
피 희 유 환 견 복 심 안

지으며 기쁘고 짓고 나서 기쁘나니
착한 일 하고 나면 이래저래 기쁘다네.
저 같은 기쁨은 생각수록 기뻐서
복을 보게 될 것이기에 마음이 편안하니라.

017. 今悔後悔 爲惡兩悔
　　　　금 회 후 회　위 악 양 회

　　　厥爲自殃 受罪熱惱
　　　궐 위 자 앙　수 죄 열 뇌

지금 뉘우치게 되면 뒤에도 뉘우치게 되나니
악한 짓 하게 되면 이래저래 뉘우칠 일이라네.
그것이 절로 재앙이 되고
죄를 받게 될 것이기에 몹시 괴로우니라.

018. 今歡後歡 爲善兩歡
　　　　금 환 후 환　위 선 양 환

　　　厥爲自祐 受福悅豫
　　　궐 위 자 우　수 복 열 예

지금 기쁘면 뒤에도 기쁘나니
착한 일 하고 나면 이래저래 기쁘다네.
그 것이 절로 도움이 되어
복을 받게 될 것이기에 미리부터 기쁘니라.

019. 雖誦習多義 放逸不從正
　　　수 송 습 다 의　방 일 불 종 정
　　　如牧數他牛 難獲沙門果
　　　여 목 수 타 우　난 획 사 문 과

비록 많은 진리를 외우고 익혔다 해도
방일하여 정법을 쫓지 않으면
마치 남의 집 소를 먹이고 세어 보는 것이라서…
사문(沙門)5)의 깨달음은 얻기 어려우니라.

020. 時言少求 行道如法
　　　시 언 소 구　행 도 여 법
　　　除淫怒痴 覺正意解
　　　제 음 노 치　각 정 의 해
　　　見對不起 是佛弟子
　　　견 대 불 기　시 불 제 자

때에 하신 말씀을 조금만 구했어도
도를 행함이 여법해야 한다네.
음탕함과 성냄과 어리석음이 제거되고
바르게 깨달아 의식에서 해탈하면
대상을 보아도 "망상이" 일어나지 않으리니
이를 부처님의 제자라 하느니라.

---

5) 사문(沙門): 출가 수행자.

방일의 장

放逸品

021. 戒爲甘露道 放逸爲死徑
계 위 감 로 도 방 일 위 사 경

不貪則不死 失道爲自喪
불 탐 즉 불 사 실 도 위 자 상

계(戒)는 감로(甘露)의 길이요.

방일(放逸)은 죽음의 지름길이 된다네.

탐하지 않은즉 죽지 않을 것이요.

도를 잃으면 스스로를 죽이는 것이니라.

022. 慧智守道勝 終不爲放逸
혜 지 수 도 승 종 불 위 방 일

不貪致歡喜 從是得道樂
불 탐 치 환 희 종 시 득 도 락

지혜롭게 도의 수승함을 지키어 가면
마침내 방일하지 않게 된다네.
탐하지 않은즉 기쁨이 이르게 되고
이를 쫓아 도의 즐거움을 얻게 되느니라.

023. 常當惟念道 自强守正行
상 당 유 념 도 자 강 수 정 행

健者得度世 吉祥無有上
건 자 득 도 세 길 상 무 유 상

항상 마땅히 도를 사유(思惟)해야 하고
스스로 굳세게 바른 행을 지켜야 하네.
온건한 자는 세상을 제도 하게 되나니
길하고 상서로워 위가 있을 수 없느니라.

024. 正念常興起 行淨惡易滅
　　　　정 념 상 흥 기 행 정 악 이 멸

　　　自制以法壽 不犯善名增
　　　　자 제 이 법 수 불 범 선 명 증

바른 생각을 항상 일으키고
맑게 수행하면 악은 쉽게 멸하리라.
스스로 자제하여 법대로 수명이 다하면
"삿된 것이" 범하지 못하고 거룩한 이름만 남으리라.

025. 發行不放逸 約以自調心
　　　　발 행 불 방 일 약 이 자 조 심

　　　慧能作錠明 不返冥淵中
　　　　혜 능 작 정 명 불 반 명 연 중

우러나는 행동이 방일하지 않아야 하고
규약으로써 스스로의 마음을 조복하여야 하네.
지혜롭게 능히 선정을 지어 밝아지면
어두운 연못으로는 돌아가지 않으리라.

026. 愚人意難解 貪亂好諍訟
우 인 의 난 해 탐 란 호 쟁 송

上智常重愼 護斯爲寶尊
상 지 상 중 신 호 사 위 보 존

어리석은 이의 의식은 이해하기 어려운데
어지러움을 탐하고 다투기를 좋아한다네.
지혜로운 이는 항상 신중하나니
이를[신중함] 보호하여 보배로 여기느니라.

027. 莫貪莫好諍 亦莫嗜欲樂
막 탐 막 호 쟁 역 막 기 욕 락

思心不放逸 可以獲大安
사 심 불 방 일 가 이 획 대 안

탐내지도 말고 다투기를 좋아 하지 말며
또한 기호(嗜好)를 즐기려 하지도 말게나.
사유하는 마음이 방일하지 않아야
가히 이로써 큰 편안함을 얻으리라.

028. 放逸如自禁 能却之爲賢
방 일 여 자 금 능 각 지 위 현
已昇智慧閣 去危爲卽安
이 승 지 혜 각 거 위 위 즉 안
明智觀於愚 譬如山如地
명 지 관 어 우 비 여 산 여 지

방일함을 스스로 금할 수 있거나
능히 물리치면 어질게 된다네.
이미 지혜의 집에 오른 것이라서
위태로움을 벗어나 곧 편안한 것이니라.
밝은 지혜로 어리석음을 관(觀)하는 것이라서
비유하자면 마치 높은 산과 평지 같으니라.

029. 不自放逸 從是多寤
　　　부 자 방 일　종 시 다 오
　　　羸馬比良 棄惡爲賢
　　　이 마 비 량　기 악 위 현

스스로 방자하지 않으면
이를 쫓아 깨우침이 많아진다네.
파리한 말도 훌륭한 말과 견주게 되듯이…
"나쁜 습관을" 버리면 어질게 되느니라.

030. 不殺而得稱 放逸致毀謗
　　　불 살 이 득 칭　방 일 치 훼 방
　　　不逸摩竭人 緣諍得生天
　　　불 일 마 갈 인　연 쟁 득 생 천

살생하지 않으면 칭송을 얻게 되고
방일하면 헐뜯음과 비방을 받게 된다네.
방일하지 않은 마갈인(摩竭人)6)은
인연 따라 천상에 태어나게 되느니라.

---

6) 마갈인(摩竭人): 중인도 지방 마갈타 사람.

031. 比丘謹愼樂 放逸多憂愆
비 구 근 신 락 방 일 다 우 건

結使所纏裹 爲火燒己盡
결 사 소 전 리 위 화 소 기 진

비구는 힘써 쾌락을 삼가 해야 하는데
방일(放逸)7)하면 근심과 허물만 많아진다네.
"방일하여" 맺히고 하여금 묶이게 되면
불이 되어 자기(自己)를 태우느니라

032. 守戒福致喜 犯戒有懼心
수 계 복 치 희 범 계 유 구 심

能斷三界漏 此乃近泥洹
능 단 삼 계 루 차 내 근 니 원

계를 지키면 복으로 기쁨이 이르고
계를 범하면 두려운 마음만 생긴다네.
능히 삼계의 루(漏)를 끊어 내면
이대로 이내 니르바나8)에 가까운 것이니라.

---

7) 방일(放逸): 제멋대로 행동 하는 것.
8) 니르바나: 니원(泥洹). 번뇌를 꺼 버린 깨달음. 열반의 다른 이름.

마음의 장

033. 心多爲輕躁 難持難調護
    심 다 위 경 조 난 지 난 조 호

    智者能自正 如匠搦箭直
    지 자 능 자 정 여 장 익 전 직

마음이 가볍고 조급함이 많아지면
"평정을" 유지하기 어렵고 조복하여 수호하기 어렵다네.
지혜로운 이는 능히 스스로 바르게 하는데
마치 장인이 화살을 곧게 다루듯이…

034. 如魚在旱地 以離於深淵
여 어 재 한 지 이 리 어 심 연
心識極惶懼 魔衆而奔馳
심 식 극 황 구 마 중 이 분 치

"마음이 가볍고 조급함이 많아지면"
마치 물고기가 마른 땅에 있는 것과 같아서
이로써 깊은 연못을 떠났기에
마음과 의식이 극한 두려움에 빠지게 되고
악마의 무리에게 쫓기게 되느니라.

035. 輕躁難持 惟欲是從
경 조 난 지 유 욕 시 종
制意爲善 自調則寧
제 의 위 선 자 조 즉 영

경솔하고 조급하면 "마음의 안정을" 유지하기 어렵고
오직 욕망이 이를 좇게 된다네.
의식을 억제하고 잘 다루어서
스스로 조복하면 곧 편안해 지느니라.

036.
意微難見 隨欲而行
의 미 난 견 수 욕 이 행
慧常自護 能守則安
혜 상 자 호 능 수 즉 안

의식이 희미하면 "정법을" 보기 어려워서
욕망을 따라 행동하게 된다네.
지혜롭게 항상 스스로 수호해야 하며
능히 지키면 곧 편안해 지느니라.

037.
獨行遠逝 覆藏無形
독 행 원 서 복 장 무 형
損意近道 魔繫乃解
손 의 근 도 마 계 내 해

홀로 수행하되 먼 곳으로 가거나.
덮여있고 감추어져 형체가 없다 해도
의식에서 "망상을" 덜어 내면 도에 가까워지고
악마의 속박에서 이내 벗어나게 되느니라.

038. 心無住息 亦不知法
심 무 주 식   역 부 지 법

迷於世事 無有正智
미 어 세 사   무 유 정 지

마음이 휴식에 머무를 수 없으면
또한 법을 알지 못하게 된다네.
세상의 일에 혼미해져서
바른 지혜를 지닐 수 없게 되느니라.

039. 念無適止 不絶無邊
염 무 적 지   부 절 무 변

福能遏惡 覺者爲賢
복 능 알 악   각 자 위 현

생각이란 알맞게 그칠 수 없기에
끊어지지도 않고 끝도 없는 것이니라.
복이 있어야 능히 악업을 그치게 되나니
깨달은 자요, 현자라 하느니라.

040. 觀身如空瓶 安心如丘城
관 신 여 공 병 안 심 여 구 성

以慧與魔戰 守勝勿復失
이 혜 여 마 전 수 승 물 부 실

몸을 보기를 빈 병과 같이 하고
마음을 편히 하기를 언덕의 성과 같이 하라.
지혜로써 마귀와 더불어 싸우되
승리를 지키고 다시는 잃지 말도록 해야 하느니라.

041. 是身不久 還歸於地
시 신 불 구 환 귀 어 지

神識已離 骨幹獨存
신 식 이 리 골 간 독 존

이 몸은 오래지 않아
도루 땅으로 돌아갈 것이라네.
정신과 의식이 이미 떠나고 나면
마른 뼈만 홀로 남게 되느니라.

042. 心豫造處 往來無端
심 예 조 처 왕 래 무 단

念多邪僻 自爲招惡
염 다 사 벽 자 위 초 악

마음이 미리 처지(處地)를 "이러쿵저러쿵" 만들며
무단히 가고 온다네.
생각도 삿되고 치우침이 많아져
스스로 악을 부르게 되느니라.

043. 是意自造 非父母爲
시 의 자 조 비 부 모 위

可勉向正 爲福勿廻
가 면 향 정 위 복 물 회

이러(42장)한 의식은 스스로 지을 뿐
부모에게 물려받은 것이 아니라네.
가히 힘쓰고 바르게 향하여
복이 되도록 돌이키지 말아야 하느니라.

꽃과 향기의 장

044. **孰能擇地 捨鑑取天**
숙 능 택 지 사 감 취 천

誰說法句 如擇善華
수 설 법 구 여 택 선 화

누가 능히 "태어날" 땅을 선택한다 해도
거울을 놓고 하늘을 취하듯 되겠는가?
누구라도 법구(法句)를 설해 주는 것은
마치 훌륭한 꽃을 선택하는 것과 같으니라.

045.
學者擇地 捨鑑取天
학 자 택 지 사 감 취 천
善說法句 能探德華
선 설 법 구 능 채 덕 화

배우는 자가 "태어날" 땅을 선택한다 해도
거울을 놓고 하늘을 취하듯 되겠는가?
잘 법구(法句)를 설해 주어야
능히 덕의 꽃을 딸 수 있느니라.

046.
觀身如沫 幻法野馬
관 신 여 말 환 법 야 마
斷魔華敷 不覩生死
단 마 화 부 부 도 생 사

이 몸 보기를 물거품과 같이 하고
환법(幻法)9)을 아지랑이와 같이 여기게나.
악마의 꽃을 뿌리 채 뽑으면
생사(生死)를 보지 않으리라.

---

9) 환법(幻法): 모든 것은 인연의 화합에 의해 성립하기 때문에 허깨비처럼 본성이
없다는 도리(道理).

047. 如有採花 專意不散
여 유 채 화 전 의 불 산

村睡水漂 爲死所牽
촌 수 수 표 위 사 소 견

마치 꽃을 꺾는 데 몰두하여
오로지 의식에서 흩어 버리지 못하는데.
잠든 마을을 물결이 휩쓸 듯이
죽음에 끌려 다니는 바가 되느니라.

048. 如有採花 專意不散
여 유 채 화 전 의 불 산

欲意無厭 爲窮所困
욕 의 무 염 위 궁 소 곤

마치 꽃을 꺾는 데 몰두 하여
오로지 의식에서 흩어 버리지 못하는데.
욕망이란 의식을 누를 수 없어
궁하고 곤란한 바가 되느니라.

049. 如蜂集華 不嬈色香
여 봉 집 화 불 요 색 향

但取味去 仁入聚然
단 취 미 거 인 입 취 연

마치 벌이 꽃에서 꿀을 모아도
색과 향기에는 흔들리지 않고
다만 그 맛을 취해 가듯이…
인자(仁者)의 취향도 그러해야 하느니라.

050. 不務觀彼 作與不作
불 무 관 피 작 여 부 작

常自省身 知正不正
상 자 성 신 지 정 부 정

남이
잘했나 잘못했나? 보려고 애쓰지 말고
항상 스스로 자신을 살펴서
바른지 바르지 못한지를 알려고 해야 하느니라.

051. 如可意華 色好無香
     여 가 의 화 색 호 무 향
     工語如是 不行無得
     공 어 여 시 불 행 무 득

마치 아름답다고 여겼던 꽃이
빛은 고우나 향기는 없을 수 있듯이…
그럴듯한 말은 이와 같아서
행하지 않으면 얻는 것도 없느니라.

052. 如可意華 色美且香
     여 가 의 화 색 미 차 향
     工語有行 必得其福
     공 어 유 행 필 득 기 복

마치 아름답다고 여겼던 꽃이
빛도 곱고 또한 향기도 있을 수 있듯이…
그럴듯한 말에 행동이 따르면
반드시 그에 따르는 복도 얻느니라.

053. 多集衆妙華 結鬘爲步瑤
다 집 중 묘 화 결 만 위 보 요

有情積善根 後世轉殊勝
유 정 적 선 근 후 세 전 수 승

여러 가지 묘한 꽃을 모아서
화관과 꽃길을 만들게나.
유정이 선근을 쌓은 것이라서
후세에 수승한 인연으로 구르리라.

054. 花香不逆風 芙蓉栴檀香
화 향 불 역 풍 부 용 전 단 향

德香逆風薫 德人徧聞香
덕 향 역 풍 훈 덕 인 편 문 향

꽃의 향기는 바람을 거스르지 못하는데
부용이나 전단의 향일지라도…
덕(德)의 향기는 바람을 거스르는 향이라서
덕인(德人)의 향은 두루 맡을 수 있느니라.

055. 栴檀多香 靑蓮芳花
　　　전 단 다 향　청 련 방 화
　　　雖曰是眞 不如戒香
　　　수 왈 시 진　불 여 계 향

전단(栴檀)은 향기가 많고
청련(靑蓮)은 향기로운 꽃이기에
비록 이를 참된 "향기라" 이르지만
계(戒)를 지닌 향기만 같지 못 하다 하느니라.

056. 華香氣微 不可謂眞
　　　화 향 기 미　불 가 위 진
　　　持戒之香 到天殊勝
　　　지 계 지 향　도 천 수 승

꽃의 향기가 미묘하다 해도
가히 참되다고 이르지 못한다네.
계(戒)를 지닌 향기야 말로
하늘에 이를 만큼 수승하다 하느니라.

057. 戒具成就 行無放逸
계 구 성 취   행 무 방 일
定意度脫 長離魔道
정 의 도 탈   장 리 마 도

계(戒)를 갖추면 성취 하게 되는데
행실에 방일함이 없어진다네.
선정(禪定)으로 의식은 해탈을 얻게 되어
영원히 마귀의 길에서 벗어나게 되느니라.

058. 如作田溝 近于大道
여 작 전 구   근 우 대 도
中生蓮花 香潔可意
중 생 연 화   향 결 가 의

마치 밭에 도랑을 만들어 놓은 것과 같아서
대도에 가깝다 하느니라.
이 가운데 연꽃이 자라나면
향기가 가히 의식을 맑혀 주게 되리라.

059. 有生死然 凡夫處邊
　　　유 생 사 연 범 부 처 변
　　　慧者樂出 爲佛弟子
　　　혜 자 낙 출 위 불 제 자

생(生)과 사(死)에 걸려 있으면
범부의 처지에 있는 것이라네.
지혜로운 이는 즐거이 벗어나
부처님의 제자가 되느니라.

제5장 우암품(愚闇品)
어리석음의 장

060. 不寐夜長 疲惓道長
　　　불 매 야 장　피 권 도 장
　　　愚生死長 莫知正法
　　　우 생 사 장　막 지 정 법

잠 못 이루는 이에겐 밤이 길고
피곤한 이에겐 길이 멀다네.
어리석은 이에겐 생과 사가 아득하기만 한데
바른 법을 알지 못해서 이니라.

061. 學無朋類 不得善友
학 무 붕 류 부 득 선 우
　　　寧獨守善 不與愚偕
영 독 수 선 불 여 우 해

학인이 벗들과 어울림도 없고
훌륭한 벗을 얻지 못했다면
차라리 홀로 선(善)을 지킬지언정
어리석은 이와는 함께 하지 말아야 하느니라.

062. 有子有財 愚唯汲汲
유 자 유 재 우 유 급 급
　　　我且非我 何有子財
아 차 비 아 하 유 자 재

자식도 있고 재물도 있어야 된다고
어리석은 이는 오직 매달린다네.
나 또한 나라고 고집할 것이 못되는데
어찌 자식과 재물인들 내 소유(所有)라 할 수 있겠는가?

063. 愚者自稱愚 常知善黠慧
우 자 자 칭 우　상 지 선 힐 혜

愚人自稱智 是謂愚中甚
우 인 자 칭 지　시 위 우 중 심

어리석은 이가 스스로를 어리석다 이르며
항상 알고 있었다면 지혜로울 수 있는 것이라네.
어리석은 이가 스스로 지혜롭다 이른다면
이는 어리석음 가운데 심한 것이니라.

064. 愚人盡形壽 承事明智人
우 인 진 형 수　승 사 명 지 인

亦不知眞法 如杓斟酌食
역 부 지 진 법　여 표 짐 작 식

어리석은 이가 천수를 다하도록
지혜 있는 이를 곁에서 모신다 해도
또한 참된 법을 알지 못하는데
마치 국자가 음식 맛을 짐작하는 것과 같으니라.

065. 智者須臾間 承事賢聖人
지 자 수 유 간 승 사 현 성 인

一一知眞法 如舌了衆味
일 일 지 진 법 여 설 요 중 미

지혜로운 이는 잠깐이라도
어진 성인을 곁에서 모시게 되면
하나하나 참된 법을 알게 된다네.
마치 혀끝으로 모든 맛을 헤아리는 것과 같으니라.

066. 愚人施行 爲身招患
우 인 시 행 위 신 초 환

快心作惡 自致重殃
쾌 심 작 악 자 치 중 앙

어리석은 이가 베푼 행위는
자신에게도 근심을 초래하게 된다네.
거리낌 없이 악업을 짓게 되는데
스스로 무거운 재앙을 이르게 하느니라.

067. 行爲不善 退見悔悋
행 위 불 선 퇴 견 회 린

致涕流面 報由宿習
치 체 유 면 보 유 숙 습

행위가 선(善)하지 못하면
물러나 뉘우치는 일을 보게 된다네.
눈물로 얼굴을 얼룩지게 하는데
과보는 오랜 습관에서 말미암은 것이니라.

068. 行爲德善 進覩歡喜
행 위 덕 선 진 도 환 희

應來受福 喜笑悅習
응 래 수 복 희 소 열 습

행위가 덕(德)이 있고 선(善)하면
나아가 기쁨을 보게 된다네.
응하여 복(福)을 받게 되는데
기쁘게 웃을 수 있는 것은 좋은 습관 때문이니라.

069. 過罪未熟 愚以恬淡
　　　과 죄 미 숙　우 이 염 담

　　　至其熟時 自受大罪
　　　지 기 숙 시　자 수 대 죄

허물과 죄가 익지 않으면
어리석은 이는 이로써 고요하다고 한다네.
그것이 익어서 이를 때에는
절로 큰 죄를 받게 되느니라.

070. 從月至於月 愚者用飮食
　　　종 월 지 어 월　우 자 용 음 식

　　　彼不信於佛 十六不獲一
　　　피 불 신 어 불　십 육 불 획 일

달이면 달마다 "형식에 매달려"
어리석은 이는 음식으로 재(齋)를 지낸다네.
저들은 부처님의 가르침을 믿는 것이 아니라서
십육 분의 일도 얻지 못하게 되느니라.

071. 惡不卽時 如搆牛乳
　　　악 불 즉 시　여 구 우 유

　　　罪在陰伺 如灰覆火
　　　죄 재 음 사　여 회 복 화

악한 짓을 해도 즉시 나타나지 않는 것은
마치 소의 젖이 엉키어 굳어가는 것과 같다네.
허물이 그늘에 가려 있는 것이라서
마치 잿더미가 불씨를 덮고 있는 것과 같으니라.

072. 愚生念慮 至終無利
　　　우 생 염 려　지 종 무 리

　　　自招刀杖 報有印章
　　　자 초 도 장　보 유 인 장

어리석은 이가 생각하고 생각한다 해도
마침내도 이익이 없게 된다네.
스스로 칼과 곤장을 부르는 것이라서
과보가 도장을 찍은 듯이 되느니라.

073. 愚人貪利養 求望名譽稱
우인탐이양 구망명예칭

在家自興嫉 常求他供養
재가자흥질 상구타공양

어리석은 이는 이익과 공양만을 탐하고
명예와 칭찬을 구하고 바란다네.
집에 있어도 스스로 질투를 일삼으며
항상 남의 공양이나 구하려 하느니라.

074. 勿猗此養 爲家捨罪
물의차양 위가사죄

此非至意 用用何益
차비지의 용용하익

愚爲愚計 欲慢用增
우위우계 욕만용증

이와 같은 공양이 "없다 해도" 탄식 하지 말고
집을 위해서 허물을 놓아야 하느니라.
이렇게 하는 것은(73장) 지극한 뜻도 아니라서
작용한들 무슨 이익이 있겠는가?
어리석은 이는 어리석은 계책뿐이라서
욕망과 교만함만 작용하고 더해지느니라.

075. 異哉失利 泥洹不同
이 재 실 리 니 원 부 동

諦知是者 比丘佛子
제 지 시 자 비 구 불 자

不樂利養 閑居却意
불 락 이 양 한 거 각 의

다를 진저! 이익을 잃는다는 것은
니르바나의 "취지와" 같지 않느니라.
제대로 "이를" 아는 자는
비구요 부처님 제자라 하느니라.
이익이나 공양을 즐기지 않고
한가하게 머물며 의식을 물리치느니라.

076. 深觀善惡 心知畏忌
심 관 선 악 심 지 외 기

畏而不犯 終吉無憂
외 이 불 범 종 길 무 우

故世有福 念思紹行
고 세 유 복 염 사 소 행

善致其願 福祿轉勝
선 치 기 원 복 록 전 승

깊이 선(善)과 악(惡)을 관(觀)하여
마음으로 두려워하고 기피해야 할 것을 알아야 하네.
두려워하며 범하지 않으면
마침내 길해져 근심이 없느니라.
그런 연고로 세상의 복도 있게 되어
생각하고 사유하며 이어 가게 된다네.
제대로 그 원하는 바에 이르게 될 것이니
복록이 구르며 수승하게 되느니라.

지혜로운 장

賢哲品

077. 晝夜當精勤 牢持於禁戒
주 야 당 정 근 뇌 지 어 금 계

爲善友所敬 惡友所不念
위 선 우 소 경 악 우 소 불 념

밤낮으로 마땅히 정근(精勤)을 하고
금하는 계를 굳게 지키어 가게.
선한 벗의 공경하는 바가 될 것이니
악한 벗의 하고자 하는 바는 염려하지 않아도 되느니라.

078. 常避無義 不親愚人
상 피 무 의 불 친 우 인

思從賢友 押附上士
사 종 현 우 압 부 상 사

항상 의(義)가 없는 곳은 피하고
어리석은 이와는 친하지 않아야 하네.
생각이 어진 친구를 쫓으면
훌륭한 인사(人士)가 되느니라.

079. 喜法臥安 心悅意淸
희 법 와 안 심 열 의 청

聖人演法 慧常樂行
성 인 연 법 혜 상 낙 행

법을 기쁘게 받아들이면 편안해 져서
마음도 기쁘고 의식도 맑아진다네.
성인이 펴 주신 법대로
지혜롭게 항상 즐겨 행해야 하느니라.

080. 弓工調角 10) 水人調船
　　　궁 공 조 각　　　수 인 조 선
　　　材匠調木 智者調身
　　　재 장 조 목 지 자 조 신

　　　활 만드는 장인이 뿔을 고르고
　　　뱃사람이 배를 고르며
　　　목수가 나무를 고르듯이
　　　지혜로운 이는 자신을 고르느니라.

081. 譬如厚石 風不能移
　　　비 여 후 석 풍 불 능 이
　　　智者意重 毀譽不傾
　　　지 자 의 중 훼 예 불 경

　　　비유하면 두꺼운 돌과 같아서
　　　바람도 능히 옮기지 못하듯이…
　　　지혜로운 이는 의지(意志)가 신중하여
　　　비방과 칭찬에도 기울어지지 않느니라.

---

10) 첫 행 "각(角)"이, 145장 첫 행 "현(絃)"과만 다르다.

082. 譬如深淵 澄靜清明
비 여 심 연 징 정 청 명

慧人聞道 心淨歡然
혜 인 문 도 심 정 환 연

비유하면 깊은 연못과 같아서
맑고 고요하고 밝다네.
지혜로운 이가 도(道)를 들으면
마음이 맑아져서 기뻐하느니라.

083. 大人體無欲 在所照然明
대 인 체 무 욕 재 소 조 연 명

雖或遭苦樂 不高現其智
수 혹 조 고 락 불 고 현 기 지

대인은 틀에 매인 하고자 함이 없고
곳에 따라 비우고 밝혀 주느니라.
비록 어쩌다 고통이나 즐거움을 만날지라도
뽐내지 않고 그 지혜만 드러내느니라.

084. 大賢無世事 不願子財國
　　　대 현 무 세 사 　 불 원 자 재 국

　　　常守戒慧道 不貪邪富貴
　　　상 수 계 혜 도 　 불 탐 사 부 귀

　　어진 이는 세상일에 뜻이 없는데
　　자식이나 재물, 권세도 원치 않는다네.
　　항상 계와 지혜로 도를 지키며
　　삿된 부귀(富貴)는 탐하지 않느니라.

085. 世皆沒淵 鮮克度岸
　　　세 개 몰 연 　 선 극 도 안

　　　如或有人 欲度必奔
　　　여 혹 유 인 　 욕 도 필 분

　　세상이 모두 수렁에 빠진 채
　　피안(彼岸)11)으로 건너가는 이 드물다네.
　　간혹 사람이 있다 해도
　　건너고자 하지만 반드시 분주할 뿐이니라.

---

11) 피안(彼岸): 미혹의 차안(此岸)에 대(對)하여 깨달음의 세계를 말함. 생사의 바다를
　　건넌 깨달음의 언덕.

086. 誠貪道者 覽受正教
     성 탐 도 자 람 수 정 교
     此近彼岸 脫死爲上
     차 근 피 안 탈 사 위 상

진실로 도를 탐하는 자는
바른 가르침을 받아 드려야 하네.
이는 피안에 가까운 것이라서
죽음에서 벗어나는 데 으뜸이니라.

087. 斷五陰法 靜思智慧
     단 오 음 법 정 사 지 혜
     不反入淵 棄猗其明
     불 반 입 연 기 의 기 명

오음(五陰)12)법을 끊어 내야 하고
고요히 지혜롭게 사유해야 하네.
다시 욕망의 수렁으로 들어가지 않아야 하며
그것이 밝아졌다는 생각마저 버려야 하느니라.

---

12) 오음(五陰): 오온(五蘊)과 같음. 색수상행식(色受想行識).

법구경

088. 抑制情欲 絶樂無爲
억 제 정 욕 절 락 무 위

能自拯濟 使意爲慧
능 자 증 제 사 의 위 혜

정욕(情欲)을 억제해야 하며
쾌락(快樂)을 끊고 무위(無爲)[13]해야 하네.
능히 스스로 구제할 수 있게 되는데
의식으로 하여금 지혜로워지기 때문이니라.

089. 學取正智 意惟正道
학 취 정 지 의 유 정 도

一心受諦 不起爲樂
일 심 수 제 불 기 위 락

漏盡習除 是得度世
누 진 습 제 시 득 도 세

바른 지혜를 배우고 취하려면
의식이 바른 도를 사유해야 하네.
한마음으로 진리를 받아 드려야 하며
향락을 위해서는 일으키지 않아야 한다네.
습기(習氣)를 버리고 제거해야
이를 세간을 벗어난 것이라 하느니라.

---

13) 무위(無爲): 인과(因果) 관계를 떠나 있는 존재. 꾸밈이 없는 것.

아라한의 장

阿羅漢品

090.
去離憂患 脫於一切
거 리 우 환 탈 어 일 체

縛結已解 冷而無燸
박 결 이 해 냉 이 무 유

근심이란 근심을 떨쳐 버리고
일체의 굴레에서 벗어나면
모든 속박에서 이미 해탈하는 것이라서
차가움(원망)도 뜨거움(성냄)도 없어지느니라.

091. 心淨得念 無所貪樂
심 정 득 념 무 소 탐 락
已度痴淵 如雁棄池
이 도 치 연 여 안 기 지

마음이 청정하고 생각이 또렷하면
탐하고 즐기려는 바가 없게 된다네.
이미 어리석은 연못을 벗어난 것이라서
마치 기러기가 "때가 되면" 연못을 버리듯이…

092. 若人無所依 知彼所貴食
약 인 무 소 의 지 피 소 귀 식
空及無相願 思惟以爲行
공 급 무 상 원 사 유 이 위 행

만약 사람이 의지 하는 바도 없고
저 음식의 귀한 바를 알았다면
상(相)과 원(願)을 비우고 없앤 것이니
사유(思惟)는 이로써 행(行)해야 하느니라.

093. 如鳥飛虛空 而無有所碍
여 조 비 허 공 이 무 유 소 애

彼人獲無漏 空無相願定
피 인 획 무 루 공 무 상 원 정

마치 새가 날아간 허공처럼
허공엔 아무런 걸림도 없다네.
저 사람이 무루(無漏)14)를 얻었다면
비워져 어떠한 상(相)이나 원(願), 선정(禪定)도 필요 없느니라.

094. 制根從止 如馬調御
제 근 종 지 여 마 조 어

捨憍慢習 爲天所敬
사 교 만 습 위 천 소 경

육근(六根)15)을 억제하여 "정법을" 따르고 "악업은" 그치기를
마치 망아지를 길들이 듯이 하게나.
교만한 습관을 버릴 수 있다면
하늘도 공경하는 바가 되리라.

---

14) 무루(無漏): 번뇌가 사라진 경지.
15) 육근(六根): 안이비설신의(眼耳鼻舌身意).

095. 不怒如地 不動如山
불 노 여 지　부 동 여 산

眞人無垢 生死世絶
진 인 무 구　생 사 세 절

성내지 않음은 대지와 같아야 하고
흔들리지 않음은 태산과 같아야 하네.
진인(眞人)은 허물이 없기에
생(生)과 사(死)의 세계를 벗어난 것이니라.

096. 心已休息 言行亦正
심 이 휴 식　언 행 역 정

從正解脫 寂然歸滅
종 정 해 탈　적 연 귀 멸

마음이 이미 쉬어지고
말과 행실이 또한 바르다면
정법을 쫓아 해탈한 것이라서
고요한 적멸로 돌아간 것이니라.

097. 棄欲無着 缺三界障
　　　기 욕 무 착 결 삼 계 장
　　　望意已絶 是謂上人
　　　망 의 이 절 시 위 상 인

욕망을 버리고 집착함이 없으며
삼계의 장애를 떨쳐 내고
소망(所望)이 의식에서 이미 끊어져야
이를 훌륭한 사람이라 하느니라.

098. 在聚在野 平地高岸
　　　재 취 재 야 평 지 고 안
　　　應眞所過 莫不蒙祐
　　　응 진 소 과 막 불 몽 우

취락(聚落)16)에 있으나 들에 있으나
평지나 높은 언덕이라도
진리가 응하고 지나가는 바이니
혜택을 받지 않는 곳은 없느니라.

---

16) 취락(聚落): 마을.

099. 彼樂空閑 衆人不能
피 락 공 한 중 인 불 능

快哉無望 無所欲求
쾌 재 무 망 무 소 욕 구

저들[아라한]은 비우고 한가함을 즐기는데
대중은 이런 것에 능하지 못하다네.
통쾌 하도다! 어떠한 소망(所望)도 없이
"아라한은" 욕망이나 구하는 바도 없느니라.

천 가지 장

述千品

100. 雖誦千言 句義不正
수 송 천 언 구 의 부 정

　　　不如一要 聞可滅意
불 여 일 요 문 가 멸 의

비록 천 마디 말씀을 외웠다 해도

구절에 있는 의(義)대로 바르지 못 하다면

다만 한 마디라도 긴요하게

듣고 의식에서 "번뇌를" 멸하는 것만 같지 못하느니라.

101. 雖誦千言 不義何益
수 송 천 언 불 의 하 익

不如一義 聞行可度
불 여 일 의 문 행 가 도

비록 천 마디 말씀을 외웠다 해도
의(義)가 아니면 무슨 이익인들 있겠는가?
다만 한결같은 의(義)로
듣고 행하며 제도하느니만 같지 못하느니라.

102. 雖多誦經 不解何益
수 다 송 경 불 해 하 익

解一法句 行可得道
해 일 법 구 행 가 득 도

비록 많은 경전을 외웠다 해도
이해하지 못하면 무슨 이익인들 있겠는가?
다만 한 마디 법구(法句)라도 이해하여
행(行)한즉 가히 도(道)를 얻게 되느니라.

103. 千千爲敵 一夫勝之
　　 천 천 위 적 　 일 부 승 지
　　 未若自勝 爲戰中上
　　 미 약 자 승 　 위 전 중 상

백만 대군을 대적 하여
혼자 싸워 이겼다 해도
만약 자신을 이겨 내지 못했다면
전쟁에서 훌륭히 할 수 있었겠는가?

104. 自勝最賢 故曰人雄
　　 자 승 최 현 　 고 왈 인 웅
　　 護意調身 自損至終
　　 호 의 조 신 　 자 손 지 종

자신을 이겨 내는 이를 가장 현명하다 하며
그래서 사람 중에 영웅이라고 이른다네.
의식을 보호하고 몸을 고르며
스스로 "망상을" 덜어 내면 마침내 이르게 되느니라.

105. 雖曰尊天 神魔梵釋
수 왈 존 천 신 마 범 석

皆莫能勝 自勝之人
개 막 능 승 자 승 지 인

비록 하늘과
귀신, 마귀와 범천, 제석의 존경을 받으며
모두 다 능히 이겼다 하더라도
스스로를 이겨 낸 사람만은 못하다고 하느니라.

106. 月千反祠 終身不輟
월 천 반 사 종 신 불 철

不如須臾 一心念法
불 여 수 유 일 심 염 법

一念造福 勝彼終身
일 념 조 복 승 피 종 신

한 달에 천 번의 제사를 지내며
목숨이 다하도록 그치지 않았다 해도
다만 잠깐 동안
한결같은 마음으로 법을 생각하는 것만 같지 못하며
단 한 번 생각하여 지은 복이라도
저들이 종신토록 지은 복보다 낫다 하느니라.

107. 雖終百歲 奉事火祠
　　　수 종 백 세 봉 사 화 사

　　　不如須臾 供養三尊
　　　불 여 수 유 공 양 삼 존

　　　一供養福 勝彼百年
　　　일 공 양 복 승 피 백 년

비록 백세를 다 하도록
불의 신[배화교]17)을 받들어 섬기었다 해도
다만 잠깐 동안
삼세의 부처님께 공양함만 같지 못하니라.
단 한 번의 공양한 복일지라도
저들이 백 년 동안 지은 복보다 나으니라.

---

17) 배화교(拜火敎): 불을 숭배하는 페르시아 조로아스터교.

108.
祭神以求福 從後觀其報
제 신 이 구 복 　 종 후 관 기 보

四分未望一 不如禮賢者
사 분 미 망 일 　 불 여 예 현 자

신에게 제사 지내 이로써 복(福)을 구하고자 해도
후에 그 복을 관(觀)할 것 같으면,
사분의 일에도 바라는 것에 미치지 못할 것이니
현자를 참예(參禮)하는 것만 같지 못하느니라.

109.
能善行禮節 常敬長老者
능 선 행 예 절 　 상 경 장 로 자

四福自然增 色力壽而安
사 복 자 연 증 　 색 력 수 이 안

능히 예절을 잘 지키고
항상 장로(長老)를 공경하는 자는
사복(四福)18)이 절로 더해지는데
육신이 장수하고 편안해지느니라.

---

18) 사복(四福): 인간의 네 가지 행복. 용색(容色). 수명(壽命). 힘. 안락(安樂).

110. 若人壽百歲 遠正不持戒
약 인 수 백 세 원 정 부 지 계

不如生一日 守戒正意禪
불 여 생 일 일 수 계 정 의 선

만약 사람이 백세를 산다 해도
정법(正法)을 멀리하고 계(戒)를 지니지 않았다면,
다만 하루를 살더라도
계를 지키며 바르게 참선(參禪)하는 것만 같지 못하느니라.

111. 若人壽百歲 邪僞無有智
약 인 수 백 세 사 위 무 유 지

不如生一日 一心學正智
불 여 생 일 일 일 심 학 정 지

만약 사람이 백세를 산다 해도
삿되고 거짓되어 지혜로움이 없다면,
다만 하루를 살더라도
한 마음으로 바른 지혜를 배우는 것만 같지 못하느니라.

112.

若人壽百歲 懈怠不精進
약 인 수 백 세 해 태 부 정 진

不如生一日 勉力行精進
불 여 생 일 일 면 력 행 정 진

만약 사람이 백세를 산다 해도

게을러서 정진하지 않는다면,

다만 하루를 살더라도

부지런 하게 정진하는 것만 같지 못하느니라.

113.

若人壽百歲 不知成敗事
약 인 수 백 세 부 지 성 패 사

不如生一日 見微知所忌
불 여 생 일 일 견 미 지 소 기

만약 사람이 백 세를 산다 해도

일의 성패(成敗)를 알지 못한다면,

다만 하루를 살더라도

기미(機微)를 보고 기피해야 될 바를 아는 것만 같지 못하느니라.

114. 若人壽百歲 不見甘露道
　　 약 인 수 백 세 불 견 감 로 도

　　 不如生一日 服行甘露味
　　 불 여 생 일 일 복 행 감 로 미

만약 사람이 백 세를 산다 해도

감로의 도(道)를 보지 못한다면,

다만 하루를 살더라도

감로의 맛을 복용하고 행하는 것만 같지 못하느니라.

115. 若人壽百歲 不知大道義
　　 약 인 수 백 세 부 지 대 도 의

　　 不如生一日 學推佛法要
　　 불 여 생 일 일 학 추 불 법 요

만약 사람이 백 세를 산다 해도

대도(大道)의 뜻을 알지 못한다면,

다만 하루를 살더라도

불법의 요체(要諦)를 배우는 것만 같지 못하느니라.

제9장 악행품(惡行品)

악행의 장

惡行品

116.
見善不從 反隨惡心
견 선 부 종 　반 수 악 심
求福不正 反樂邪婬
구 복 부 정 　반 락 사 음
凡人爲惡 不應自覺
범 인 위 악 　불 응 자 각
愚痴快意 今後鬱毒
우 치 쾌 의 　금 후 울 독

착한 것을 보고도 따르지 않고
도리어 악한 마음을 따른다거나,
복을 구해도 바르지 않고
도리어 삿된 음탕함을 즐기게 되면,
평범한 사람들이 악하게 되는 것이라서
응해도 스스로 깨닫지 못하느니라.
어리석게 거리낌 없이 하다 보면
이후에는 울독(鬱毒)19)에 중독되느니라.

---

19) 울독(鬱毒): 독이 쌓인 것.

117. 人雖爲惡行 亦不數數作
인 수 위 악 행　역 불 수 수 작

於彼意不樂 知惡之爲苦
어 피 의 불 락　지 악 지 위 고

사람이 비록 악한 짓을 하고
또한 헤아리지 못할 만큼 여러 번 지었다면,
저 사람의 의식도 즐겁지 못 할 것이니
악한 짓이 고통이 되고 있음을 알 수 있느니라.

118. 人能作其福 亦當數數造
인 능 작 기 복　역 당 수 수 조

於彼意須樂 善受其福報
어 피 의 수 락　선 수 기 복 보

사람이 능히 그만한 복을 지으면서
또한 정당하게 수 없이 지었다면,
저 사람의 의식도 반드시 즐거울 것이니
선(善)으로 그 복의 과보를 받는 것이니라.

119. 妖孽見福 其惡未熟
요 얼 견 복 기 악 미 숙

至其惡熟 自受罪虐
지 기 악 숙 자 수 죄 학

요망한 일을 하고도 복을 받는다면
그 악의 인연이 익기 전 이라네.
그 악의 인연이 익어서 이르게 되면
절로 죄의 과보를 사납게 받게 되느니라.

120. 貞祥見禍 其善未熟
정 상 견 화 기 선 미 숙

至其善熟 必受其福
지 기 선 숙 필 수 기 복

곧고 상서로운 일을 하고도 화를 받는다면
그 선(善)의 인연이 익기 전이라네.
그 선의 인연이 익어서 이르게 되면
반드시 그 복을 받게 되느니라.

121. 莫輕小惡 以爲無殃
　　　막 경 소 악　이 위 무 앙

　　　水滴雖微 漸盈大器
　　　수 적 수 미　점 영 대 기

　　　凡罪充滿 從小積成
　　　범 죄 충 만　종 소 적 성

작은 악이라도 가벼이 말라.
이로써는 재앙이 없을 것이라 하여…
물방울이 비록 미세하다 하더라도
점점 큰 그릇을 채워 가듯이…
대개의 죄도 가득 채워지는 것이
작은 것을 좇아 쌓여서 이루어지느니라.

122. 莫輕小善 以爲無福
막 경 소 선 이 위 무 복

水滴雖微 漸盈大器
수 적 수 미 점 영 대 기

凡福充滿 從纖纖積
범 복 충 만 종 섬 섬 적

작은 선이라고 가벼이 말라.

이로써는 복이 될 수 없다 하여…

물방울이 비록 미세하다 하더라도

점점 큰 그릇을 채워 가듯이…

대개의 복도 가득 채워지는 것이

작은 먼지를 좇아 쌓여지느니라.

123. 伴少而貨多 商人忧惕懼
반 소 이 화 다 상 인 출 척 구

嗜欲賊害命 故慧不貪欲
기 욕 적 해 명 고 혜 불 탐 욕

동행이 적고 돈이 많으면
장사꾼은 두려워하느니라.
욕망 때문에 도적은 목숨도 해칠 것이니
그러므로 지혜로운 이는 탐욕하지 않느니라.

124. 有身無瘡疣 不爲毒所害
유 신 무 창 우 불 위 독 소 해

毒奈無瘡何 無惡所造作
독 나 무 창 하 무 악 소 조 작

몸에 상처 난 곳이 없다면
독의 해치는 바가 되지 않는다네.
독인들 상처가 없다면 어찌 하겠는가?
악의 지으려는 바가 될 수 없느니라.

125. 加惡誣罔人 淸白猶不汚
　　　가 악 무 망 인　청 백 유 불 오

　　　愚殃反自及 如塵逆風坌
　　　우 앙 반 자 급　여 진 역 풍 분

악한 짓으로 남을 무고하려 해도
청백(淸白)한 이는 오히려 더럽히지 못한다네.
어리석은 재앙이 도리어 자신에게 미칠 것이니
마치 먼지를 거스르는 바람 앞에 날린 것과 같으니라.

126. 有識墮胞胎 惡者入地獄
　　　유 식 타 포 태　악 자 입 지 옥

　　　行善上昇天 無爲得泥洹
　　　행 선 상 승 천　무 위 득 니 원

의식 있는 생명으로 태어나서
악한 짓을 한 자는 지옥으로 들어가게 되고
착한 일을 한 자는 천상에 오르며
무위(無爲)한 자라야 니르바나를 얻느니라.

127. 非空非海中 非隱山石間
비 공 비 해 중 비 은 산 석 간

莫能於此處 避免宿惡殃
막 능 어 차 처 피 면 숙 악 앙

허공도 아니지만 바다 속도 아니요.
깊은 산 바위틈에 숨어서도 아니 된다네.
능히 이곳(니르바나)이 아니고선
숙세에 지은 악의 재앙은 피할 수 없느니라.

128. 非空非海中 非入山石間
비 공 비 해 중 비 입 산 석 간

無有他方所 脫之不受死
무 유 타 방 소 탈 지 불 수 사

허공도 아니지만 바다 속도 아니요.
깊은 산 바위틈에 들어가도 아니 된다네.
다른 어느 곳에도 있을 수 없고
해탈해야 생사(生死)를 받지 않느니라.

폭력의 장

刀杖品

129. 一切皆懼死 莫不畏杖痛
일 체 개 구 사   막 불 외 장 통

恕己可爲譬 勿殺勿行杖
서 기 가 위 비   물 살 물 행 장

일체의 생명은 모두 죽음을 두려워하며
곤장의 고통을 두려워 않는 것이 없느니라.
용서하기를 자기가 겪는 것이라 비유하여
살생도 말고 곤장으로 때리지도 말아야 하느니라.

130. 遍於諸方求 念心中間察
　　편 어 제 방 구　염 심 중 간 찰

　　頗有斯等類 不愛己愛彼
　　파 유 사 등 류　불 애 기 애 피

　　以己喩彼命 是故不害人
　　이 기 유 피 명　시 고 불 해 인

두루 제방으로 구하려 하지만
생각하는 마음 중간을 살펴야 하느니라.
편벽되게 이와 같은 무리도 있겠지만
자신을 사랑하지 못하면 남도 사랑 할 줄 모르느니라.
이로써 자기의 생명처럼 남의 생명도 비유해야 하고
이런 연고로 남을 해치지 않아야 하느니라.

131. 善樂於愛欲 以杖加群生
　　　선 락 어 애 욕　이 장 가 군 생

　　　於中自求安 後世不得樂
　　　어 중 자 구 안　후 세 부 득 락

숱한 애욕을 즐기거나
곤장으로 뭇 생명을 해치면서
이 가운데 스스로 안락(安樂)을 구했다면
후세에 즐거움을 얻지 못하게 되느니라.

132. 人欲得歡樂 杖不加群生
　　　인 욕 득 환 락　장 불 가 군 생

　　　於中自求樂 後世亦得樂
　　　어 중 자 구 락　후 세 역 득 락

사람이 환락을 얻고자 하면
곤장으로 뭇 생명을 해치지 않아야 하네.
이 가운데 스스로 즐거움을 구하고자 하면
후세에 또한 안락을 얻게 되느니라.

133. 不當麤言 言當畏報
부 당 추 언 언 당 외 보

惡往禍來 刀杖歸軀
악 왕 화 래 도 장 귀 구

추한 말이 마땅치 않는 것은
"상대도" 말하길 당연히 두려운 말로 답하리라.
악이 가고나면 화가 찾아오듯이…
칼과 곤장이 제 몸으로 돌아오게 되느니라.

134. 出言以善 如叩鐘磬
출 언 이 선 여 고 종 경

身無論議 度世則易
신 무 논 의 도 세 즉 이

하는 말은 선(善)으로써 해야 하나니
마치 종과 풍경을 두드리듯 하게나.
그 몸엔 이러쿵저러쿵할 것이 없기에
세상을 살아가는 것이 용이하니라.

135. 譬人操杖 行牧食牛
　　　비 인 조 장 　행 목 식 우
　　　老死猶然 亦養命去
　　　노 사 유 연 　역 양 명 거

비유하면 사람이 채찍을 들고
소를 먹이며 기르듯이…
늙고 죽는 것도 그러하나니
또한 생명을 부양하며 가는 것이니라.

136. 愚憃作惡 不能自解
　　　우 준 작 악 　불 능 자 해
　　　殃追自焚 罪成熾然
　　　앙 추 자 분 　죄 성 치 연

어리석으면 악한 짓을 하고도
능히 스스로 풀어 내지 못한다네.
재앙에 떠밀려 절로 불사르게 되는데
죄로 뜨겁게 타 버리느니라.

137. 歐杖良善 妄讒無罪
　　 구 장 양 선　망 참 무 죄

　　 其殃十倍 災迅無赦
　　 기 앙 십 배　재 신 무 사

선량한 사람을 매질하거나

죄 없는 사람을 망령되게 모함 하면,

그 재앙은 열 배가 되는데

재앙이 신속하여 용서 받을 겨를도 없느니라.

138. 生受酷痛 形體毀折
　　 생 수 혹 통　형 체 훼 절

　　 自然惱病 失意恍惚
　　 자 연 뇌 병　실 의 황 홀

살아서 혹독한 재앙을 받게 되는데

신체가 훼손되고 꺾이어진다네.

자연히 겪는 고뇌와 고통으로

의식을 잃고 멍청하게 되느니라.

139. 人所誣咎 或縣官厄
     인 소 무 구 혹 현 관 액

    財産耗盡 親戚離別
     재 산 모 진 친 척 이 별

사람들의 모함을 받게 되고
혹 관청의 액운도 당하게 된다네.
재산을 소모하고 탕진하게 되는데
친척들과도 이별하게 되느니라.

140. 舍宅所有 災火焚燒
     사 택 소 유 재 화 분 소

    死入地獄 如是爲十
     사 입 지 옥 여 시 위 십

집을 가지고 있다 해도
화재로 모두 잿더미가 되고
죽어서는 지옥에 떨어지게 되는데
이와 같이 열 가지니라.

141. 雖裸剪髮 長服草衣
수 나 전 발 장 복 초 의

沐浴踞石 奈痴結何
목 욕 거 석 나 치 결 하

비록 나신(裸身)에 머리를 깎고
장삼에 풀 옷을 입고 살며
바위에 걸터앉아 목욕을 한다 해도
어리석어 맺은 허물이라면 어찌하겠는가?

142. 自嚴以修法 減損受淨行
자 엄 이 수 법 멸 손 수 정 행

杖不加群生 是沙門道人
장 불 가 군 생 시 사 문 도 인

스스로 엄숙하게 도를 닦아 가되
"번뇌는" 멸하고 "망상을" 덜어 내며 맑게 수행하게나.
곤장으로 뭇 생명을 해치지 않는다면
이를 사문이요 도인이라 하느니라.

143. 世黨有人 能知慚愧
세 당 유 인 능 지 참 괴
是名誘進 如策良馬
시 명 유 진 여 책 양 마

세간에 얽매이어 사는 사람도
능히 자신의 부끄러움을 알면
이를 이름 하여 "정법으로" 나가는 것이라 하는데
마치 훌륭한 말에 채찍과 같다 하느니라.

144. 如策良馬 進道能遠
여 책 양 마 진 도 능 원
人有信戒 定意精進
인 유 신 계 정 의 정 진
受道慧成 便滅衆苦
수 도 혜 성 편 멸 중 고

마치 훌륭한 말에 채찍과 같아서
도에 나아감도 능히 원대(遠大)해 진다네.
사람이 믿음과 계를 지니고
선정(禪定)으로 정진해 가며
도를 받아들여 지혜를 이루면
문득 모든 괴로움을 멸하게 되느니라.

145. 弓工調絃 水人調船
궁 공 조 현 　 수 인 조 선

材匠調木 智者調身
재 장 조 목 　 지 자 조 신

활 만드는 장인이 줄을 고르고
뱃사람이 배를 고르며
목수가 나무를 고르듯이…
지혜로운 이는 자신을 고르느니라.

늙음의 장

146. 何喜何笑 命常熾然
하 희 하 소　명 상 치 연

深蔽幽冥 不如求錠
심 폐 유 명　불 여 구 정

어찌 기뻐하고 어찌 웃을 수 있겠는가?
생명은 항상 "생로병사(生老病死)"가 타 오르는데.
깊이 어둠 속에 가려 있기에
마치 촛불을 구하지 못한 것과 같으니라.

147.　見身形範 倚以爲安
견 신 형 범 　 의 이 위 안

多想致病 豈知非眞
다 상 치 병 　 기 지 비 진

보라 이 몸의 형상이라는 것이
무엇에 의지해 이로써 편안하다 하는가?
생각이 많으면 병이 들게 되는데
어찌 "이 몸이" 참이 아님을 알겠는가?

148.　老則色衰 所病自壞
노 즉 색 쇠 　 소 병 자 괴

形敗腐朽 命終自然
형 패 부 후 　 명 종 자 연

몸이 늙으면 피부 빛이 쇠(衰)하고
병으로 말미암아 절로 무너진다네.
형상은 썩고 일그러지며
생명을 마치게 되는 것이 자연이니라.

149. 身死神徙 如御棄車
　　　신 사 신 사　여 어 기 거

　　　肉消骨散 身何可怙
　　　육 소 골 산　신 하 가 호

목숨이 다하면 정신도 떠나는데
마치 부리던 수레를 버리듯이 한다네.
육신이 소멸하며 뼈도 흩어지는데
이 몸을 어찌 믿을 만하다고 할 것인가?

150. 身爲如城 骨幹肉塗
　　　신 위 여 성　골 간 육 도

　　　生至老死 但藏恚慢
　　　생 지 노 사　단 장 에 만

몸이란 얽어 놓은 성과 같아서
뼈대를 기둥 삼아 살을 바른 것이라네.
태어나 늙고 죽음이 이르는데
다만 성내고 교만함만 간직할 것이던가?

151. 老則形變 喩如故車
노 즉 형 변 유 여 고 거

法能除苦 宜以力學
법 능 제 고 의 이 역 학

늙으면 형체가 변하여
비유하면 마치 오래된 수레 같다네.
법이라야 능히 고통을 억제하는데
마땅히 힘써 배워야 하느니라.

152. 人之無聞 老若特牛
인 지 무 문 노 약 특 우

但長肌肥 無有福慧
단 장 기 비 무 유 복 혜

사람이 들은 것이 없으면
늙도록 기르는 소와 같다네.
다만 자라고 살만 찌우는 것이라서
복과 지혜가 있을 수 없느니라.

153. 生死有無量 往來無端緒
생 사 유 무 량 왕 래 무 단 서

求於屋舍者 數數受胞胎
구 어 옥 사 자 수 수 수 포 태

나고 죽는 것은 헤아릴 수 없고
가고 오지만 단서조차 없다네.
저마다 의지할 집을 구한다지만
무수히 태어남을 받게 되느니라.

154. 以觀此屋 更不造舍
이 관 차 옥 갱 불 조 사

梁棧已壞 臺閣摧折
양 잔 이 괴 대 각 최 절

心已離行 中間已滅
심 이 이 행 중 간 이 멸

이로써 이 집을 관(觀)하였다면
다시는 집만 지으려고 하지 않으리라.
대들보와 서까래가 이미 무너지면
누각이 모두 꺾이게 되느니라.
마음이 이미 "세속을" 떠났다면
그 사이에 "욕망도" 이미 멸해지느니라.

155. 不修梵行 又不富財
불 수 범 행 우 불 부 재

老如白鷺 守伺空池
노 여 백 로 수 사 공 지

제대로 수행을 닦지도 아니하고
또한 재물도 쌓아 두지 못했다면
마치 늙은 백로가
빈 연못을 지키며 엿보는 것과 같으니라.

156. 旣不守戒 又不積財
기 불 수 계 우 불 적 재

老羸氣竭 思故何逮
노 리 기 갈 사 고 하 체

이미 계를 지키지도 아니 하고
또한 재물도 쌓아 두지 못했다면
늙고 파리하여 기운이 말랐는데
옛일을 생각한들 무슨 도움이 되겠는가?

자기 자신의 장

157. 自愛身者 愼護所守
　　　자 애 신 자　신 호 소 수

希望欲解 學正不寐
희 망 욕 해　학 정 불 매

스스로 자신을 사랑하는 자는
지켜야 할 바를 삼가하고 보호해야 한다네.
해탈하고자 하는 소망을 지녔다면
정법을 배우며 잠자지 말아야 하느니라.

158.
學當先求解 觀察別是非
학 당 선 구 해　관 찰 별 시 비

受諦應誨彼 慧然不復惑
수 제 응 회 피　혜 연 불 부 혹

배우는 자는 마땅히 먼저 해탈을 구해야 하는데
관찰하여 옳고 그름을 분별해야 한다네.
진리를 받아들이고 저와 같은[20] 가르침에 응하면
지혜로워서 다시는 미혹되지 않느니라.

159.
當自剋修 隨其教訓
당 자 극 수　수 기 교 훈

己不被訓 焉能訓彼
기 불 피 훈　언 능 훈 피

마땅히 스스로 닦아야 하고
그와 같은[21] 가르침을 따라야 하네.
자신이 가르침을 받지 못했다면
어찌 능히 저들을 가르칠 수 있겠는가?

---

20) 저와 같은: 157장을 가리킴.
21) 그와 같은: 157장을 가리킴.

160. 自己心爲師 不隨他爲師
　　　자 기 심 위 사　불 수 타 위 사

　　　自己爲師者 獲眞智人法
　　　자 기 위 사 자　획 진 지 인 법

스스로 자기 마음을 스승으로 삼아서
다른 것을 스승으로 삼거나 따르지는 말게나.
스스로 자기를 스승으로 삼는 자는
참으로 지혜로운 사람의 법을 얻게 되느니라.

161. 本我所造 後我自受
　　　본 아 소 조　후 아 자 수

　　　爲惡自更 如剛鑽珠
　　　위 악 자 갱　여 강 찬 주

본래 나의 지은 바대로
뒤에 내가 절로 받게 된다네.
악을 지었으면 스스로 고쳐야 하는데
마치 금강석으로 구슬을 부셔 버리듯이…

162. 人不持戒 滋蔓如藤
인 불 지 계 자 만 여 등
逞情極欲 惡行日增
영 정 극 욕 악 행 일 증

사람이 계를 지키지 아니 하면
헝클어진 등나무 넝쿨처럼 뻗어난다네.
내키는 대로 욕망에 매달리게 되고
몹쓸 행동만 날로 더해지느니라.

163. 惡行危身 愚以爲易
악 행 위 신 우 이 위 이
善最安身 愚以爲難
선 최 안 신 우 이 위 난

악한 행동은 자신을 위태롭게 하는데
어리석으면 이로써 하기 쉬우니라.
선한 행동은 가장 몸을 안전하게 하지만
어리석은 이는 이로써 하기 어려우니라.

164. 如眞人教 以道活身
여 진 인 교 이 도 활 신

愚者疾之 見而爲惡
우 자 질 지 견 이 위 악

行惡得惡 如種苦種
행 악 득 악 여 종 고 종

참된 사람의 가르침과 같아서

도로써 몸을 살리지만

어리석은 이는 미워하기만 하고

보고도 악하게 된다네.

악한 짓을 하면 악한 업만 얻게 되는데

마치 괴로움의 씨앗을 심는 것과 같으니라.

165. 惡自受罪 善自受福
　　　악 자 수 죄 선 자 수 복

　　　亦各須熟 彼不自代
　　　역 각 수 숙 피 불 자 대

　　　習善得善 亦如種甛
　　　습 선 득 선 역 여 종 첨

악한 짓은 스스로 죄를 받게 되고
착한 일은 절로 복을 받게 된다네.
또한 각각 인연이 익게 되면
저것[죄와 복]은 스스로 대신 하지 못 한다네.
선을 익히면 선업을 얻게 되는데
역시 달콤한 종자를 심는 것과 같으니라.

166. 凡用必豫慮 勿以損所務
범 용 필 예 려 물 이 손 소 무

如是意日修 事務不失時
여 시 의 일 수 사 무 불 실 시

무릇 무엇을 하려면 반드시 미리 생각한 대로
이로써 하고자 하는 바가 잘못되게 하지 말아야 하네.
이와 같이 의식을 날마다 닦아서
하는 일이 때를 잃지 않도록 해야 하느니라.

제13장 세속품(世俗品)

속세의 장

世俗品

167.
不親卑漏法 不與放逸會
불 친 비 루 법 불 여 방 일 회

不種邪見根 不於世長惡
부 종 사 견 근 불 어 세 장 악

비루법(卑漏法)[22]은 친하지 말고
방탕한 모임에는 어울리지 말게나.
삿된 견해의 뿌리를 심지 않으면
세간의 악업이 자라지 않느니라.

---

22) 비루법(卑漏法): 보잘 것 없는 법.

168. 隨時不興慢 快習於善法
수 시 불 흥 만   쾌 습 어 선 법

善法善安寐 今世亦後世
선 법 선 안 매   금 세 역 후 세

시절 따라 흥에 겨워하거나 교만하지 말고
흔쾌히 선법을 익혀야 하네.
선법이 잘 편안히 잠들게 하리니
금생에도 또한 후세까지도…

169. 樂法樂學行 慎莫行惡法
낙 법 낙 학 행   신 막 행 악 법

能善行法者 今世後世樂
능 선 행 법 자   금 세 후 세 락

법을 즐겨서 배우고 행하기를 즐겨야 하며
삼가하여 악법은 행하지 말게나.
능히 법을 잘 행하는 자는
금세에도 후세에도 즐거우리라.

170. 當觀水上泡 亦觀幻野馬
당 관 수 상 포 역 관 환 야 마

如是不觀世 亦不見死王
여 시 불 관 세 역 불 견 사 왕

"무상함을" 마땅히 물위의 물거품처럼 보고
또한 허깨비와 아지랑이처럼 보게나.
이와 같이 세상을 관하지 않으면
또한 죽음의 왕23)도 보지 못하게 되느니라.

171. 如是當觀身 如王雜色車
여 시 당 관 신 여 왕 잡 색 거

愚者所染着 智者遠離之
우 자 소 염 착 지 자 원 리 지

이(170장)와 같이 마땅히 자신을 관(觀)해야 하는데
마치 임금의 화려한 색으로 치장한 수레와 같아서
어리석은 이는 물들고 집착 하지만
슬기로운 이는 멀리 떠나느니라.

---

23) 죽음의 왕: 생사의 본성.

172. 人前爲過 後止不犯
인 전 위 과 후 지 불 범

是照時間 如月雲消
시 조 시 간 여 월 운 소

사람이 앞서 허물이 있었다 해도
뒤에는 그쳐서 범하지 않아야 하네.
이는 때에 비추는
마치 달이 구름을 헤치고 나오듯이…

173. 人前爲惡 以善滅之
인 전 위 악 이 선 멸 지

是照世間 如月雲消
시 조 세 간 여 월 운 소

사람이 앞서 악한 짓을 했다 해도
선으로써 이를 멸해야 하네.
이는 세간을 비추고 있는
마치 달이 구름을 헤치고 나오듯이…

174. 痴覆天下 貪令不見
　　　치 복 천 하 탐 영 불 견
　　　邪疑却道 若愚行是
　　　사 의 각 도 약 우 행 시

어리석음이 천하를 덮고 나면
탐욕으로 하여금 "정법을" 보지 못하게 되고
삿된 의심으로 도를 저버리게 되는데
만약 어리석으면 이를 행하게 되느니라.

175. 如雁將群 避羅高翔
　　　여 안 장 군 피 라 고 상
　　　明人導世 度脫邪衆
　　　명 인 도 세 도 탈 사 중

마치 기러기가 장차 무리를 지어
그물을 피해 높이 비상(飛翔)하듯이…
현명한 사람이 세상을 인도하면
삿된 무리를 벗어나게 하느니라.

176. 一法脫過 謂妄語人
     일 법 탈 과 위 망 어 인

     不免後世 靡惡不更
     불 면 후 세 미 악 불 갱

단 한 번 법에서 벗어난 허물이었다고
이르길 망령되게 말하는 사람은
후세에도 "과보를" 면치 못하고
악업에 휩쓸려서 고치지 못하게 되느니라.

177. 愚不修天行 亦不譽布施
     우 불 수 천 행 역 불 예 보 시

     信施助善者 從是到彼安
     신 시 조 선 자 종 시 도 피 안

어리석으면 하늘에 나는 수행을 닦지 못하고
부처님을 기리거나 보시도 못한다네.
믿고 보시하여 선업을 돕는 자는
이를 쫓아 피안에 이르게 되느니라.

178. 夫求爵位財 尊貴升天福
　　　부 구 작 위 재　존 귀 승 천 복

　　　辯慧世間悍 斯聞爲第一
　　　변 혜 세 간 한　사 문 위 제 일

대개 높은 벼슬과 재물을 구하기도 하고
존귀(尊貴)하게 천복을 누리기도 한다지만
변혜(辯慧)로써 세간의 고통을 덜어 줄 수 있다면
이렇게 들어 주는 것이 으뜸이니라.

부처님의 장

佛陀品

179. 已勝不受惡 一切勝世間
이 승 불 수 악 일 체 승 세 간

叡智廓無彊 開朦令入道
예 지 곽 무 강 개 몽 영 입 도

이미 이겨 내어 악업을 받지 아니 하고

일체의 세간을 이겨 낸 이는

지혜의 집이 끝이 없기에

어둠을 열고 하여금 도에 들어간 것이니라.

180. 決網無罣碍 愛盡無所積
결 망 무 가 애   애 진 무 소 적
佛意深無極 未践迹令践
불 의 심 무 극   미 천 적 영 천

욕망의 그물을 결단하여 걸림이 없고
애욕이 다하여 쌓은 바가 없다면
부처님의 의식은 깊어서 끝이 없기에
밟지 않고도 자취로 하여금 실천(實踐)하시느니라.

181. 勇健立一心 出家日夜滅
용 건 입 일 심   출 가 일 야 멸
根斷無欲意 學正念清明
근 단 무 욕 의   학 정 염 청 명

굳세고 씩씩하게 한 마음으로
출가하여 밤낮으로 "번뇌를" 멸해야 하네.
"욕망의" 뿌리를 끊고 의식이 하고자 함이 없어야 하며
정법을 배워 생각을 맑고 밝게 해야 하느니라.

182. 得生人道難 生壽亦難得
　　 득 생 인 도 난 　 생 수 역 난 득

　　 世間有佛難 佛法難得聞
　　 세 간 유 불 난 　 불 법 난 득 문

사람으로 태어나 도를 만나기 어렵고
살면서 장수하는 것 또한 얻기 어렵다네.
세간에 부처님과 함께 있기 어렵다 하는데
부처님의 법을 듣기는 더욱 어려우니라.

183. 諸惡莫作 諸善奉行
　　 제 악 막 작 　 제 선 봉 행

　　 自淨其意 是諸佛敎
　　 자 정 기 의 　 시 제 불 교

모든 악업은 짓지 말아야 하고
모든 선업은 받들고 행하여야 한다.
스스로 그 의식을 청정히 해야 하는데
이것이 모든 부처님의 가르침이니라.

184. 忍爲最自守 泥洹佛稱上
인 위 최 자 수   니 원 불 칭 상

捨家不犯戒 息心無所害
사 가 불 범 계   식 심 무 소 해

인욕이야말로 가장 자신을 지켜 주는 것이요.
니르바나를 부처님이 으뜸이라 이르셨느니라.
집을 버리고 계를 범하지 않으며
마음을 쉬어야 해치는 바도 없게 되느니라.

185. 不嬈亦不惱 如戒一切持
불 요 역 불 뇌   여 계 일 체 지

少食捨身貪 有行幽隱處
소 식 사 신 탐   유 행 유 은 처

意諦以有黠 是能奉佛教
의 제 이 유 힐   시 능 봉 불 교

흔들리지 않고 또한 고뇌하지 않으며
여법하게 일체의 계를 지녀야 하네.
적게 먹고 몸에서 탐욕을 내려놓은 채
그윽한 곳에서 수행하며
진리에 뜻을 두어 이로써 지혜가 있으면
이것이 능히 부처님의 가르침을 받드는 것이니라.

186. 天雨七寶 欲猶無厭
　　　천 우 칠 보　욕 유 무 염

　　樂少苦多 覺者爲賢
　　　낙 소 고 다　각 자 위 현

하늘에서 칠보가 비처럼 내린다 해도
욕망이란 오히려 누를 수 없다네.
즐거움은 적고 고통이 많은 것
"이를 아는 것이" 깨달은 자요. 현자(賢者)라 하느니라.

187. 雖有天欲 慧捨無貪
　　　수 유 천 욕　혜 사 무 탐

　　樂離恩愛 爲佛弟子
　　　낙 리 은 애　위 불 제 자

비록 하늘에 닿을 만한 욕망이 있다 해도
지혜롭게 놓아서 탐욕을 없애야 하네.
즐거이 은애(恩愛)를 떨쳐 버릴 수 있어야
부처님 제자라 하느니라.

188. 或多自歸 山川樹神
혹 다 자 귀 산 천 수 신

廟立圖像 祭祠求福
묘 립 도 상 제 사 구 복

혹자들이 스스로 귀의(歸依)하는데
산천(山川)과 나무의 신(神)에게
사당을 세우고 등상을 그려서
제사를 지내며 복을 구하려 하느니라.

189. 自歸如是 非吉非上
자 귀 여 시 비 길 비 상

彼不能來 度我衆苦
피 불 능 래 도 아 중 고

스스로 이(188장)와 같이 귀의했다 해도
길(吉)하지도 않고 잘한 것도 아니니라.
저와 같은 방법으로는
나와 대중의 괴로움을 능히 건져 내지 못하느니라.

190.

如有自歸 佛法聖衆
여 유 자 귀 불 법 성 중

道德四諦 必見正慧
도 덕 사 제 필 견 정 혜

여법하게 스스로
불법(佛法)과 성중(聖衆)과
도(道)와 덕(德)의 네 가지 진리에 귀의하면
반드시 바른 지혜를 보게 되느니라.

191.

生死極苦 從諦得度
생 사 극 고 종 제 득 도

度世八道 斯除衆苦
도 세 팔 도 사 제 중 고

삶과 죽음은 지극히 괴로운 것이니
진리를 쫓아 득도(得度)24)하여
팔정도(八正道)25)로 세간을 벗어나야
이것으로 모든 괴로움을 제거할 수 있느니라.

---

24) 득도(得度): 재가(在家)에서 불문(佛門)에 드는 것.
25) 팔정도(八正道): 정견(正見). 정사유(正思惟). 정어(正語).정업(正業). 정명(正命). 정
　　정진(正精進). 정념(正念). 정정(正定).

192. 自歸三尊 最吉最上
자 귀 삼 존 최 길 최 상
唯獨有是 度一切苦
유 독 유 시 도 일 체 고

스스로 삼존(三尊)26)에 귀의해야
가장 길하고 가장 훌륭한 것이라네.
오직 홀로 이와 같이 할 수 있어야
일체의 고통에서 벗어날 수 있느니라.

193. 明人難值 亦不比有
명 인 난 치 역 불 비 유
其所生處 族親蒙慶
기 소 생 처 족 친 몽 경

현명한 사람은 만나기 어렵고
또한 어깨를 비비며 있지 못한다네.
그가 태어난 곳에서는
가족과 친척들도 모두 경사를 입게 되느니라.

---

26) 삼존(三尊): 불(佛). 연각(緣覺). 아라한(阿羅漢). 또는 불법승(佛法僧) 삼보(三寶).

194. 諸佛興快 說經道快
제 불 흥 쾌 설 경 도 쾌

衆聚和快 和則常安
중 취 화 쾌 화 즉 상 안

모든 부처님이 오심은 흥(興)이 나는 통쾌함이며
경전을 설해 주심은 도(道)의 통쾌함이니라.
무리가 모이면 화목(和睦)이 통쾌함이며
화목한즉 항상 편안하게 되느니라.

195. 見諦淨無穢 已度五道淵
견 제 정 무 예 이 도 오 도 연

佛出照世間 爲除衆憂苦
불 출 조 세 간 위 제 중 우 고

진리를 보고 청정해져 더러움이 없어지면
이미 오도(五道)27)의 연못을 벗어난 것이라네.
부처님이 나시어 세간을 비추어 주심은
모든 근심과 고통을 제거하고자 함이니라.

---

27) 오도(五道): 지옥(地獄). 아귀(餓鬼). 축생(畜生). 인간(人間). 천상(天上). 오취(五趣)
라고도 함.

196. 士如中正 志道不慳
사 여 중 정 지 도 불 간

利在斯人 自歸佛者
이 재 사 인 자 귀 불 자

선비는 치우치지 않고 반듯해야 하며

도에 뜻을 두어 "몸과 마음을" 아끼지 않아야 하네.

이익이 이 사람에게 있을 것이니

스스로 귀의(歸依)한 불자(佛者)니라.

편안하고 즐거움의 장

安樂品

197. 我生已安 不慍於怨
아 생 이 안 불 온 어 원

衆人有怨 我行無怨
중 인 유 원 아 행 무 원

내 삶이 이미 편안한 것은
원한이 있어도 성내지 않기 때문이네.
모든 사람이 원한이 있다 해도
나는 원한이 없도록 행(行)하기 때문이라네.

198. 我生已安 不病於病
     아 생 이 안   불 병 어 병

    衆人有病 我行無病
    중 인 유 병   아 행 무 병

내 삶이 이미 편안한 것은
병들 일에도 병들지 않기 때문이네.
모든 사람이 병이 있다 해도
나는 병이 없도록 행(行)하기 때문이라네.

199. 我生已安 不慼於憂
     아 생 이 안   불 척 어 우

    衆人有憂 我行無憂
    중 인 유 우   아 행 무 우

내 삶이 이미 편안한 것은
근심할 만한 일에도 근심하지 않기 때문이네.
모든 사람이 근심이 있다 해도
나는 근심이 없도록 행(行)하기 때문이라네.

200. 我生已安 淸淨無爲
아 생 이 안 청 정 무 위

以樂爲食 如光音天
이 락 위 식 여 광 음 천

나의 삶이 이미 편안한 것은
청정하여 무엇을 하고자 함이 없기 때문이라네.
이로써 즐기며 양식으로 삼고 있나니
마치 빛과 소리에 걸림 없는 하늘처럼…

201. 勝則生怨 負則自鄙
승 즉 생 원 부 즉 자 비

去勝負心 無爭自安
거 승 부 심 무 쟁 자 안

이긴즉 원한이 생기고
지면 스스로 비루해진다네.
승부(勝負)에 대한 욕심을 모두 버려서
다툼을 없게 하면 절로 편안해지느니라.

202. 熱無過婬 毒無過怒
　　　열 무 과 음　독 무 과 로
　　　苦無過身 樂無過滅
　　　고 무 과 신　낙 무 과 멸

열(熱)이라면 음탕함보다 더한 것이 없고
독(毒)으로는 성내는 것보다 더한 것이 없다네.
고통은 몸뚱이가 있는 것보다 더한 것이 없고
낙(樂)은 "번뇌를" 멸한 것보다 더한 것이 없느니라.

203. 飢爲大病 行爲最苦
　　　기 위 대 병　행 위 최 고
　　　已諦知此 泥洹最樂
　　　이 제 지 차　니 원 최 락

굶주림을 큰 고통이라 하나
수행이 가장 괴로운 것이라네.
이미 진리가 이것임을 알아야 하고
니르바나야 말로 가장 즐거운 것이니라.

204. 無病最利 知足最富
　　　무 병 최 리 지 족 최 부
　　　厚爲最友 泥洹最快
　　　후 위 최 우 니 원 최 쾌

병이 없는 것이 "수행에" 가장 이로운 것이며
족할 줄 아는 것을 가장 부자라고 한다네.
후한 것이 가장 훌륭한 우애가 되고
니르바나야 말로 가장 통쾌한 것이니라.

205. 解知念待味 思將休息義
　　　해 지 염 대 미 사 장 휴 식 의
　　　無熱無饑想 當服於法味
　　　무 열 무 기 상 당 복 어 법 미

몸과 뜻으로 겪어 온 맛을
사유(思惟)하여 장차 그 대상마저 쉬게 하게나.
화낼 일도 없고 배고픈 생각마저 없어야
마땅히 법의 맛을 보게 되리라.

206. 見聖人快 得依附快
　　견 성 인 쾌　득 의 부 쾌

　　得離愚人 爲善獨快
　　득 리 우 인　위 선 독 쾌

성인을 친견함은 통쾌한 일이며
모시고 의지하면 더욱 통쾌한 일이라네.
어리석은 이의 곁은 떠나야 하며
잘 수행하기 위해서는 홀로 함을 통쾌하다 하느니라.

207. 與愚同居難 猶與怨同處
　　여 우 동 거 난　유 여 원 동 처

　　當選擇共居 如與親親會
　　당 선 택 공 거　여 여 친 친 회

어리석은 이와 함께 살기 어려운 것은
어쩌면 원수와 함께 사는 것과 같다네.
마땅히 함께 머무는 것을 가려야 하니
친하고자 하는 것과 어울리고 친해야 하느니라.

208. 是故事多聞 幷及持戒者
시 고 사 다 문 병 급 지 계 자
如是人中上 如月在衆星
여 시 인 중 상 여 월 재 중 성

이런 연고로 일마다 들은 것이 많아야 하며
아울러 계를 지닌 자는
이와 같이 사람 가운데 으뜸이라 한다네.
마치 달이 뭇 별과 있는 것과 같으니라.

사랑의 장

愛好品

209. 違道則自順 順道則自違
위 도 즉 자 순   순 도 즉 자 위

捨義取所好 是謂順愛欲
사 의 취 소 호   시 위 순 애 욕

도를 거스른즉 스스로 "욕망에" 순종하는 것이며

도를 따른즉 스스로 "욕망을" 거스르는 것이라네.

진리를 버리고 좋아하는 바를 취한다면

이는 애욕(愛欲)에 순종하는 것이 되느니라.

210. 不當趣所愛 亦莫有不愛
부 당 취 소 애　역 막 유 불 애

愛之不見憂 不愛亦見憂
애 지 불 견 우　불 애 역 견 우

사랑하는 바를 만들지 말고
또한 미워함도 만들지 말게나.
사랑하는 사람은 만나지 못해서 괴롭고
사랑하지 않는 사람은 만나면 괴로우니라.

211. 是以莫造愛 愛憎惡所由
시 이 막 조 애　애 증 악 소 유

已除縛結者 無愛無所憎
이 제 박 결 자　무 애 무 소 증

이로써 사랑하는 것을 만들지 말게
사랑하든 미워하든 악업(惡業)이 연유(緣由)되는 바라네.
이미 결박(結縛)을 모두 제거한 자는
사랑도 없고 미워하는 바도 없느니라.

212. 好樂生憂 好樂生畏
　　　호 락 생 우 호 락 생 외
　　　無所好樂 何憂何畏
　　　무 소 호 락 하 우 하 외

쾌락을 좋아하면 근심이 생기고
쾌락을 좋아하면 두려움이 생긴다네.
쾌락과 좋아하는 바를 없애게 되면
무엇이 걱정되고 무엇인들 두렵겠는가?

213. 愛喜生憂 愛喜生畏
　　　애 희 생 우 애 희 생 외
　　　無所愛喜 何憂何畏
　　　무 소 애 희 하 우 하 외

환희(歡喜)를 사랑하면 근심이 생기고
환희(歡喜)를 사랑하면 두려움이 생긴다네.
환희(歡喜)를 사랑하던 바를 없애게 되면
무엇이 걱정되고 무엇인들 두렵겠는가?

214. 愛樂生憂 愛樂生畏
     애 락 생 우 애 락 생 외
     無所愛樂 何憂何畏
     무 소 애 락 하 우 하 외

쾌락(快樂)을 사랑하면 근심이 생기고
쾌락(快樂)을 사랑하면 근심이 생긴다네.
쾌락(快樂)하던 바를 없애게 되면
무엇이 걱정되고 무엇인들 두렵겠는가?

215. 愛欲生憂 愛欲生畏
     애 욕 생 우 애 욕 생 외
     無所愛欲 何憂何畏
     무 소 애 욕 하 우 하 외

애욕(愛欲)에서 근심이 생기고
애욕(愛欲)에서 두려움이 생긴다네.
애욕(愛欲)하던 바를 없애게 되면
무엇이 걱정되고 무엇인들 두렵겠는가?

216. 貪欲生憂 貪欲生畏
탐 욕 생 우 탐 욕 생 외

無所貪欲 何憂何畏
무 소 탐 욕 하 우 하 외

탐욕(貪欲)에서 근심이 생기고
탐욕(貪欲)에서 두려움이 생긴다네.
탐욕(貪欲)하던 바를 없애게 되면
무엇이 걱정되고 무엇인들 두렵겠는가?

217. 貪法戒成 至誠知慚
탐 법 계 성 지 성 지 참

行身近道 爲衆所愛
행 신 근 도 위 중 소 애

법을 탐하면 계(戒)를 이루고
지성이면 부끄러움을 알게 된다네.
몸으로 도를 가까이 하고 행하게 되면
대중의 사랑 받는 바가 되느니라.

218. 欲態不出 思正乃語
   욕 태 불 출   사 정 내 어

   心無貪愛 必截流渡
   심 무 탐 애   필 절 유 도

   욕망이나 버릇대로 나서지 않고
   바르게 사유(思惟)하며 이것으로 말하게나.
   마음에서 탐욕과 애욕이 없어지는데
   반드시 윤회(輪廻)[28]를 끊고 벗어나게 되느니라.

219. 譬人久行 從遠吉還
   비 인 구 행   종 원 길 환

   親厚普安 歸來喜歡
   친 후 보 안   귀 래 희 환

   비유하면 사람이 오랫동안 수행하며
   멀리 쫓다보면 길하여 돌아오듯…
   친절하게 후하고 편안히 해 주면
   환희(歡喜)로 돌아오느니라.

---

28) 윤회(輪廻): 생사(生死)를 벗어나지 못하고 반복하는 것.

220. 好行福者 從此到彼
호 행 복 자 종 차 도 피

自受福祚 如親來喜
자 수 복 조 여 친 래 희

복(福)을 행하기를 좋아하는 자는
이를 쫓아 피안에 이르게 된다네.
절로 복을 받게 되는데
마치 친구처럼 기쁨이 찾아오게 되리라.

성냄의 장

221. 捨恚離慢 避諸愛貪
사 에 이 만 피 제 애 탐

不着名色 無爲滅苦
불 착 명 색 무 위 멸 고

성냄은 버리고 교만함을 떠나서
모든 애욕과 탐욕을 피해야 하네.
名(명예)과 色(물질)에 집착하지 않고
"의식이" 무위(無爲)해야 괴로움을 멸하느니라.

222. 恚能自制 如止奔車
에 능 자 제 여 지 분 거

是爲善御 棄冥入明
시 위 선 어 기 명 입 명

성냄에서 능히 스스로 억제하기를
마치 달리는 수레를 그치듯 하게나.
이를 잘 제어하는 자라고 하는데
어두움을 버리고 밝음으로 들어가는 것이니라.

223. 忍辱勝恚 善勝不善
인 욕 승 에 선 승 불 선

勝者能施 至誠勝欺
승 자 능 시 지 성 승 기

욕됨을 참아 내고 성냄을 이겨 내며
선(善)으로써 불선(不善)함을 이겨 내야 하네.
승자(勝者)는 능히 베풀어야 하고
지성(至誠)이면 속이고자 하는 마음도 이겨 내게 되느니라.

224. 不欺不怒 意不多求
불 기 불 노 의 불 다 구

如是三事 死則生天
여 시 삼 사 사 즉 생 천

속이지도 않고 성내지도 않으며
의식이 많은 것을 구하지도 않아야 하네.
이와 같은 세 가지 일을 지키어 내면
죽어서 곧 천상에 태어난다 하느니라.

225. 常自攝身 慈心不殺
상 자 섭 신 자 심 불 살

是生天上 到彼無憂
시 생 천 상 도 피 무 우

항상 스스로 몸을 추슬러야 하고
자비심으로 살생은 하지 않아야 하네.
이로써 천상에 태어나게 되고
피안에 이르러 근심이 없게 되느니라.

226. 意常覺寤 明暮勤學
　　　의 상 각 오　명 모 근 학

　　　漏盡意解 可致泥洹
　　　누 진 의 해　가 치 니 원

의식은 항상 깨어있어야 하고
낮이나 밤이나 부지런히 배워야 하네.
누(漏)29)가 다하여 의식에서 해탈해야
가히 니르바나에 이르게 되느니라.

227. 人相謗毁 自古至今
　　　인 상 방 훼　자 고 지 금

　　　旣毁多言 又毁訥忍
　　　기 훼 다 언　우 훼 눌 인

　　　亦毁中和 世無不毁
　　　역 훼 중 화　세 무 불 훼

사람들이 서로 비방하고 헐뜯기를
예로부터 지금까지 한다네.
이미 말이 많다고 헐뜯기도 하고
또한 말을 더듬고 참는다며 헐뜯기도 하며
또한 알맞게 한다고 헐뜯으니
이 세상엔 헐뜯지 않는 것이 없느니라.

---

29) 누(漏): 번뇌(煩惱)의 다른 이름.

228.

欲意非聖 不能制中
욕 의 비 성 불 능 제 중

一毀一譽 但爲利名
일 훼 일 예 단 위 이 명

의식이 하고자 하는 대로면 성스럽지 않은데
능히 억제하지 못한다네.
때로는 헐뜯고 때로는 칭찬하는데
다만 이익과 명예만을 위한 것이니라.

229.

多聞能奉法 智慧常定意
다 문 능 봉 법 지 혜 상 정 의

如彼閻浮金 孰能說有瑕
여 피 염 부 금 숙 능 설 유 하

많이 듣고 능히 법을 받들어야 하며
지혜롭게 항상 의식을 안정해야 하네.
마치 저 염부제(閻浮提)30)의 금과 같다면
누군들 능히 하자가 있다고 말하겠는가?

---

30) 염부제(閻浮提): 우리가 사는 사바세계를 이름.

230. 如羅漢淨 莫而誣謗
여 나 한 정 막 이 무 방
諸天咨嗟 梵釋所稱
제 천 자 차 범 석 소 칭

마치 아라한처럼 청정하다면
무고하거나 비방할 수 없다네.
모든 하늘이 찬탄하고
범천(梵天)31)과 제석(帝釋)32)의 칭송하는 바가 되느니라.

231. 常守護身 以護瞋恚
상 수 호 신 이 호 진 에
除身惡行 進修德行
제 신 악 행 진 수 덕 행

항상 자신을 수호하듯이
이로써 성내려는 마음을 수호해야 하네.
자신의 나쁜 행동은 억제해야 하며
덕행을 닦고 나아가야 하느니라.

---

31) 범천(梵天): 호법신(護法神).
32) 제석(帝釋): 호법신(護法神).

232. 常守愼言 以護瞋恚
　　　상 수 신 언 　 이 호 진 에
　　　除口惡言 誦習法言
　　　제 구 악 언 　 송 습 법 언

항상 자신의 말을 신중히 지키듯이
이로써 성내려는 마음을 수호해야 하네.
입에서 나쁜 말버릇은 억제해야 하고
부처님의 말씀을 외우고 익혀야 하느니라.

233. 常守愼心 以護瞋恚
　　　상 수 신 심 　 이 호 진 에
　　　除心惡念 思惟念道
　　　제 심 악 념 　 사 유 염 도

항상 자신의 마음을 신중히 지키듯이
이로써 성내려는 마음을 수호해야 하네.
마음속의 나쁜 생각은 억제해야 하고
도를 사유해야 하느니라.

234. 節身愼言 守攝其心
절 신 신 언 수 섭 기 심

捨恚行道 忍辱最强
사 에 행 도 인 욕 최 강

자신을 절제하고 말은 삼가 하여
그 마음을 지키고 다스려야 하네.
성냄은 버리고 도를 행하여야 하며
욕됨을 참는 것이 가장 강하다 하느니라.

제18장 진구품(塵垢品)

더러움의 장

塵垢品

235. 生無善行 死墮惡道
생 무 선 행 사 타 악 도

往疾無間 到無資用
왕 질 무 간 도 무 자 용

살아서 선행(善行)이 없으면
죽어서 악도(惡道)에 떨어지게 된다네.
빠르게 무간지옥(無間地獄)으로 가게 되는데
이르러도 "구제할 만한" 바탕과 작용이 없느니라.

236. 當求知慧 以然意定
　　　당 구 지 혜 　이 연 의 정

　　　去垢勿汙 可離苦形
　　　거 구 물 오 　가 리 고 형

마땅히 지혜를 구해야 하며
이로써 그렇게 의식을 안정해야 하네.
더러움을 버리고 때 묻지 말아야
가히 고통의 굴레에서 벗어나게 되느니라.

237. 한문 자료 미상(漢文資料未詳)

238. 한문 자료 미상(漢文資料未詳)

239. 慧人以漸 安徐精進
　　　혜 인 이 점　안 서 정 진

　　　洗除心垢 如工鍊金
　　　세 제 심 구　여 공 연 금

지혜로운 사람은 점차로
편안하게 천천히 정진(精進)하며
마음의 때를 씻어 내느니라.
마치 숙련된 장인이 무쇠를 다루듯이…

240. 惡生於心 還自壞形
　　　악 생 어 심　환 자 괴 형

　　　如鐵生垢 反食其身
　　　여 철 생 구　반 식 기 신

악은 마음에서 생기지만
도로 자신의 형체마저 무너트리느니라.
마치 무쇠에 녹이 생기면
도리어 그 몸체를 부식해 버리듯이…

241. 不誦爲言垢 不勤爲家垢
불 송 위 언 구　불 근 위 가 구

不嚴爲色垢 放逸爲事垢
불 엄 위 색 구　방 일 위 사 구

"경전을" 독송하지 않으면 말씨에 때가 끼고
부지런하지 않으면 가업(家業)에 때가 된다네.
엄숙하지 못하면 여색으로 몸에 때가 되고
방일(放逸)하면 일마다 때가 되느니라.

242. 慳爲惠施垢 不善爲行垢
간 위 혜 시 구　불 선 위 행 구

今世亦後世 惡法爲常垢
금 세 역 후 세　악 법 위 상 구

인색함은 은혜와 보시에 때가 되고
선(善)하지 않음은 행실의 때가 된다네.
이 세상이나 또한 저 세상이나
악한 법은 항상 때가 되느니라.

243. 垢中之垢 莫甚於痴
구 중 지 구 막 심 어 치

學當捨惡 比丘無垢
학 당 사 악 비 구 무 구

때 중에서 "고약한" 때는
어리석음보다 심한 것이 없다네.
배우는 자는 마땅히 악업(惡業)을 버려야 하는데
비구여! 때가 없도록 하게나.

244. 苟生無恥 如鳥長喙
구 생 무 치 여 조 장 훼

强顏耐辱 名曰穢生
강 안 내 욕 명 왈 예 생

구차하게 살며 부끄러워함도 없는데
마치 새가 오랫동안 부리로 받아먹듯이…
뻔뻔한 얼굴로 욕됨을 견뎌 내는 것은
이름 하여 더러운 삶이라 하느니라.

245. 廉恥雖苦 義取淸白
염 치 수 고 의 취 청 백

避辱不妄 名曰潔生
피 욕 불 망 명 왈 결 생

염치를 차리는 것은 비록 괴롭다 해도
의롭게 맑고 깨끗함을 취하는 것이라네.
욕됨도 피하고 망령되지 않은데
이름 하여 고결한 삶이라 하느니라.

246. 愚人好殺 言無誠實
우 인 호 살 언 무 성 실

不與而取 好犯人婦
불 여 이 취 호 범 인 부

어리석은 사람은 살생을 좋아하고
말에도 성실함이 없다네.
주지 않는 것을 취하려 하는데
즐겨 남의 부인도 범하려 하느니라.

247. 逞心犯戒 迷惑於酒
　　　영 심 범 계　미 혹 어 주
　　　斯人世世 自堀身本
　　　사 인 세 세　자 굴 신 본

거리낌 없이 마음으로 계(戒)를 범하고
술 때문에 미혹(迷惑)33)에 빠진다네.
이런 사람은 세세(世世)토록
스스로 만든 굴속에 몸을 가두게 되느니라.

248. 人如覺是 不當念惡
　　　인 여 각 시　부 당 염 악
　　　愚近非法 久自燒沒
　　　우 근 비 법　구 자 소 몰

사람이 이(246~247장)를 깨달을 것 같으면
악이란 생각하는 것조차 마땅치 않다네.
어리석은 이는 법이 아닌 것과 가까이 하는데
오래 하다 보면 스스로를 태우고 매몰시키느니라.

---

33) 미혹(迷惑): 도리(道理)에 어두운 것.

249. 若信布施 欲揚名譽
약 신 보 시 욕 양 명 예

會人虛飾 非入淨定
회 인 허 식 비 입 정 정

만약 믿음으로 보시하였다 해도
명예를 뽐내고자 하였다면
만나는 사람마다 헛되게 꾸밀 것이기에
청정한 선정(禪定)으로 들어가지 못하느니라.

250. 一切斷欲 截意根原
일 체 단 욕 절 의 근 원

晝夜守一 必入定意
주 야 수 일 필 입 정 의

일체의 욕망은 단절해야 하고
의식의 근원을 끊어 내야 하네.
낮이나 밤이나 한결같이 지키면
반드시 선정에 들게 되느니라.

251.

火莫熱於婬 捷莫疾於怒
화 막 열 어 음 첩 막 질 어 노

網莫密於痴 愛流駛乎河
망 막 밀 어 치 애 류 사 호 하

불도 음탕함보다 뜨겁지 못하고
첩경(捷徑)[34]이라 해도 성내는 마음보다 빠르지 못하다네.
어떤 그물이라 해도 어리석음 보다 촘촘하지 못하고
애욕은 갠지스 강물보다도 빠르게 흐르느니라.

252.

善觀己瑕障 使己不露外
선 관 기 하 장 사 기 불 노 외

彼彼自有隙 如彼飛輕塵
피 피 자 유 극 여 피 비 경 진

자신의 허물을 잘 보았다 해도
자기의 허물로 하여금 밖으로 드러내지 못하는데.
남들에게는 스스로 틈이 있다 하며
마치 저들의 허물은 가볍게 먼지를 날리듯 하느니라.

---

34) 첩경(捷徑): 빠르게 질러가는 길.

253.
若己稱無瑕 罪福俱幷至
약 기 칭 무 하   죄 복 구 병 지

但見外人隙 恒懷危害心
단 견 외 인 극   항 회 위 해 심

만약 자기는 하자가 없다고 일컫는데
죄와 복이 함께 이르렀다면
다만 밖으로 남의 잘못만 보려하고
항상 해치려는 마음을 품었기 때문이니라.

254.
虛空無轍迹 沙門無外意
허 공 무 철 적   사 문 무 외 의

衆人盡樂惡 唯佛淨無穢
중 인 진 락 악   유 불 정 무 예

허공에는 수레자국을 남길 수 없듯이
수행자는 밖으로 다른 뜻이 없어야 하네.
사람들이 모두가 악행(惡行)을 즐긴다 해도
오직 부처님은 청정하여 더러움이 없느니라.

255 　虛空無轍迹 沙門無外意
　　허 공 무 철 적　사 문 무 외 의
　　世間皆無常 佛無我所有
　　세 간 개 무 상　불 무 아 소 유

허공에는 수레자국을 남길 수 없듯이
수행자는 밖으로 다른 뜻이 없어야 하네.
세상은 모두가 무상(無常)한 것이라서
부처님은 내 것이라고 소유(所有)할 것이 없다 하시니라.

제19장 주법품(住法品)

법의 장

住法品

256. 好經道者 不競於利
호 경 도 자 불 경 어 리

有利無利 無欲不惑
유 리 무 리 무 욕 불 혹

도 닦기를 좋아하는 자는

이익 때문에 다투지 않는다네.

이익이 있든 이익이 없든

욕망이 없으면 미혹되지 않느니라.

257. 常愍好學 正心以行
　　　상 민 호 학　정 심 이 행
　　　擁懷寶慧 是謂爲道
　　　옹 회 보 혜　시 위 위 도

항상 불쌍히 여기고 배우기를 좋아하며
바른 마음으로써 행하여야 하네.
보배처럼 지혜를 옹호하고 품어야
이를 이르길 도를 닦는다 하느니라.

258. 所謂智者 不必辯言
　　　소 위 지 자　불 필 변 언
　　　無恐無懼 守善爲智
　　　무 공 무 구　수 선 위 지

이른바 지혜로운 자란?
반드시 말을 잘해야 되는 것이 아니라네.
두려울 것도 없고 근심할 것도 없이
선을 지키어 가면 지혜롭다 하느니라.

259. 奉持法者 不以多言
봉 지 법 자 불 이 다 언

雖素少聞 身依法行
수 소 소 문 신 의 법 행

守道不忘 可謂奉法
수 도 불 망 가 위 봉 법

법(法)을 받들고 지닌 자란?

이로써 많은 말이 필요하지 않다네.

비록 소박하게 들은 것이 적더라도

몸소 법(法)을 의지하여 행하며

도(道)를 지키며 잊지 않으면

가히 이르길 법(法)을 받든다 하느니라.

260. 所謂長老 不必年者
소 위 장 로 불 필 년 기

形熟髮白 憃愚而已
형 숙 발 백 준 우 이 이

이른바 장로(長老)란?
반드시 나이가 늙어야만 되는 것이 아니라네.
얼굴이 주름지고 수염이 희다 해도
아둔하고 어리석을 뿐이라면…

261. 謂懷諦法 順調慈仁
위 회 제 법 순 조 자 인

明達清潔 是爲長老
명 달 청 결 시 위 장 로

이르자면 진리를 가슴에 품고
순리대로 고르고 인자해야 하네.
"진리를" 밝게 통달하여 맑고 고결한 이를
이를 장로(長老)라 하느니라.

262. 所謂端正 非色如花
소 위 단 정 비 색 여 화

慳嫉虛飾 言行有違
간 질 허 식 언 행 유 위

이른바 단정(端正)함이란?
빛이 방금 피어난 꽃과 같아야 되는 것이 아니라네.
인색하고 질투하며 허울만 꾸민다면
말과 행동에서 어긋난 것이니라.

263. 謂能捨惡 根原已斷
위 능 사 악 근 원 이 단

慧而無恚 是謂端正
혜 이 무 에 시 위 단 정

이르자면 능히 악을 버리고
그 근원마저 이미 끊어야 하네.
지혜롭고 성냄이 없어야
이를 단정(端正)하다 이르느니라.

264. 所謂沙門 非必除髮
　　　　소 위 사 문　비 필 제 발

　　　妄語貪取 有欲如凡
　　　망 어 탐 취　유 욕 여 범

이른바 사문(沙門)이란?

반드시 머리를 깎아야만 되는 것이 아니라네.

망령된 말에 탐욕을 취한다면

욕망에 끌려가는 범부(凡夫)와 같으니라.

265. 謂能止惡 恢廓弘道
　　　　위 능 지 악　회 곽 홍 도

　　　息心滅意 是謂沙門
　　　식 심 멸 의　시 위 사 문

이르자면 능히 악한 짓을 그치고

커다란 포부로 도를 널리 펴야 하네.

마음을 쉬고 의식은 내려놓아야

이를 사문(沙門)이라 이르느니라.

266. 所謂比丘 非時乞食
소 위 비 구 비 시 걸 식

邪行婬彼 稱名而已
사 행 음 피 칭 명 이 이

이른바 비구(比丘)란?
때에 얻어먹는 것만이 아니라네.
삿된 행동으로 저들[속인(俗人)]과 같이 음탕하다면
허울 좋은 이름만 일컬을 뿐이라네.

267. 謂捨罪福 淨修梵行
위 사 죄 복 정 수 범 행

慧能破惡 是謂比丘
혜 능 파 악 시 위 비 구

이르자면 죄와 복을 놓은 채
청정하게 범행(梵行)35)을 닦아야 하네.
지혜롭게 능히 악업을 부수면
이를 비구(比丘)라 이르느니라.

---

35) 범행(梵行): 바라문의 수행.

268. 所謂仁明 非口不言
소 위 인 명 비 구 불 언

用心不淨 外順而已
용 심 부 정 외 순 이 이

이른바 어질고 현명하다는 것은
입으로 말하지 않아야 될 것을 않는 것만이 아니라네.
마음 씀씀이가 청정하지 못하면
한낱 외도를 따르는 것일 뿐이니라.

269. 謂心無爲 內行淸虛
위 심 무 위 내 행 청 허

此彼寂滅 是謂仁明
차 피 적 멸 시 위 인 명

이르자면 마음이 하고자 하는 것 없이
안으로 맑게 비워야 하네.
이것이나 저것36)에 모두 적멸하다면
이를 어질고 현명(賢明)하다 이르느니라.

---

36) 이것이나 저것: 명색(名色).

270. 所謂有道 非救一物
　　　소 위 유 도　비 구 일 물

　　　普濟天下 無害爲道
　　　보 제 천 하　무 해 위 도

이른바 도가 있다고 하는 것은
한 물건[깨달음]을 구하는 데 있는 것이 아니라네.
널리 천하를 제도하면서
해(害)가 없어야 도(道)라고 하느니라.

271. 戒衆不言 我行多誠
　　　계 중 불 언　아 행 다 성

　　　得定意者 要有閉損
　　　득 정 의 자　요 유 폐 손

계(戒)는 여러 말이 필요하지 않은데
내가 행하며 정성을 다하는 것이라네.
선정(禪定)을 얻고자 하는 자는
요컨대 "망상은" 닫고 "번뇌는" 덜어 내야 하느니라.

272. 意解求安 莫習凡夫
의 해 구 안 막 습 범 부

使結未盡 莫能得脫
사 결 미 진 막 능 득 탈

의식으로 이해하여 편안함을 구하고자 하거나
범부의 업(業)은 익히지 말아야 하네.
맺힌 것으로 하여금 다 풀어 내지 못하면
능히 해탈을 얻지 못하느니라.

도의 장

道行品

273. 道爲入直妙 聖諦四句上
도 위 입 직 묘 성 제 사 구 상

無欲法之最 明眼二足尊
무 욕 법 지 최 명 안 이 족 존

도는 곧바로 묘함에 들어가는 것이며
성스러운 진리는 四聖諦(사성제)37)를 으뜸이라고 하네.
무욕(無欲)이 법을 구하는 데 제일이라 하는데
밝은 안목을 갖추면 복과 지혜가 넉넉해지느니라.

---

37) 四聖諦(사성제): 고집멸도(苦集滅道).

274. 此道無有餘 見諦之所淨
차 도 무 유 여　견 제 지 소 정

趣向滅衆苦 此能壞魔兵
취 향 멸 중 고　차 능 괴 마 병

이 도(道)는 다른 것이 있을 수 없고
진리를 보고 청정하게 하는 것이라네.
이렇게 향하면 모든 고통이 멸해지게 되고
이로써 능히 마귀를 무너트리게 되느니라.

275. 吾已說道 拔愛固刺
오 이 설 도　발 애 고 자

邪行婬彼 稱名而已
사 행 음 피　칭 명 이 이

내가 이미 도(道)를 설(說)한 것은
애욕의 고정된 가시를 뽑고자 함이라네.
삿된 행동에 저대로 음탕하다면
한낱 이름만 일컬을 뿐이니라.

276. 吾語汝法 愛箭爲射
　　　　오 어 여 법 애 전 위 사
　　　宜以自勗 受如來言
　　　　의 이 자 욱 수 여 래 언

내가 너에게 법을 설함은
애욕의 화살을 뽑아내고자 함이라네.
마땅히 이로써 스스로 힘쓰고
여래의 말씀을 수지(受持)해야 하느니라.

277. 一切行無常 如慧所觀察
　　　　일 체 행 무 상 여 혜 소 관 찰
　　　若能覺此苦 行道淨其跡
　　　　약 능 각 차 고 행 도 정 기 적

일체의 행위가 무상(無常)한 것은
지혜로써 관찰한 바라네.
만약 능히 이것이 고통임을 깨달았다면
도를 행하여 그 자취를 청정히 해야 하느니라.

278. 一切衆行苦 如慧之所見
　　일 체 중 행 고 　여 혜 지 소 견

　　若能覺此苦 行道淨其跡
　　약 능 각 차 고 　행 도 정 기 적

일체의 대중은 괴로움을 겪고 있는데
지혜로써 본 바라네.
만약 능히 이것이 고통임을 깨달았다면
도를 닦아 그 자취를 청정히 해야 하느니라.

279. 一切行無我 如慧之所見
　　일 체 행 무 아 　여 혜 지 소 견

　　若能覺此苦 行道淨其跡
　　약 능 각 차 고 　행 도 정 기 적

일체의 행위에는 나라고 할 것이 없는데
지혜로써 본 바라네.
만약 능히 이것이 괴로움임을 깨달았다면
도를 닦아 그 자취를 청정히 해야 하느니라.

280. 應起而不起 恃力不精懃
　　　응 기 이 불 기　시 력 부 정 근

　　　自陷人形卑 懈怠不解慧
　　　자 함 인 형 비　해 태 불 해 혜

일어나야 할 때 일어나지 않고
힘만 믿고 정성껏 힘쓰지 않는다면
스스로 사람의 형상으로 비천함에 빠진 것이니
게을러서 지혜롭게 풀어 내지 못한 것이니라.

281. 愼言守意念 身不善不行
　　　신 언 수 의 념　신 불 선 불 행

　　　如是三行除 佛說是得道
　　　여 시 삼 행 제　불 설 시 득 도

말을 삼가하고 의식을 지키며
몸으로 불선(不善)을 행하지 않아야 하네.
이와 같이 세 가지를 행하고 억제하면
부처님이 이를 도를 얻었다 말씀하셨느니라.

282. 念應念則正 念不應則邪
염 응 념 즉 정 염 불 응 즉 사

慧而不起邪 思正道乃成
혜 이 불 기 사 사 정 도 내 성

생각이란 제대로 생각 한즉 바르게 되고
생각이란 제대로 하지 않은즉 삿되게 되네.
지혜롭게 삿된 생각을 일으키지 않고
바르게 사유(思惟)하면 도(道)를 이내 이루게 되느니라.

283. 伐樹勿休 樹生諸惡
벌 수 물 휴 수 생 제 악

斷樹盡株 比丘滅度
단 수 진 주 비 구 멸 도

"욕망의" 숲을 치기를 쉬지 말라.
"욕망의" 숲에서 모든 악이 생긴다네.
"욕망의" 숲을 자르고 그루 채 뽑아내면
비구여! "번뇌가" 멸해지느니라.

284. 夫不伐樹 少多餘親
　　　부 불 벌 수 소 다 여 친
　　　心繫於此 如犢求母
　　　심 계 어 차 여 독 구 모

대개 "욕망의" 숲을 쳐내지 못하는 것은
적으나 많으나 미련이 남아서라네.
마음이 이런 것에 끌려 다니는 것은
마치 송아지가 어미를 찾는 것 같으니라.

285. 當自斷戀 如秋池蓮
　　　당 자 단 련 여 추 지 련
　　　息跡受教 佛說泥洹
　　　식 적 수 교 불 설 니 원

마땅히 스스로 미련을 끊어 내기를
마치 가을 연못에 시드는 연잎처럼 하게나.
자취를 쉬고 가르침을 받아들여야
부처님이 설하신 니르바나에 이르느니라.

286. 暑當止此 寒當止此
서 당 지 차 한 당 지 차

愚多務慮 莫知來變
우 다 무 려 막 지 래 변

더우면 마땅히 더운 대로 머물고
추우면 마땅히 추운 대로 지내게.
어리석은 이는 신경 쓰는 것이 많다 보니
오는 변화를 알 수 없느니라.

287. 人營妻子 不觀病法
인 영 처 자 불 관 병 법

死命卒至 如水湍驟
사 명 졸 지 여 수 단 취

사람은 처와 자식을 돌보느라
병이나 법을 관(觀)하지 못한다네.
죽음은 갑자기 이르게 되는데
마치 물이 여울로 모여들듯이…

288. 非有子恃 亦非父母
비 유 자 시　역 비 부 모

　　　爲死所迫 無親可怙
위 사 소 박　무 친 가 호

자식은 믿을 바가 되지 못하고
또한 부모님도 "믿을 바가" 아니라네.
죽음에 쫓기는 바가 되면
친족들도 가히 믿을 수 없느니라.

289. 慧解是意 可修經戒
혜 해 시 의　가 수 경 계

　　　勤行度世 一切除苦
근 행 도 세　일 체 제 고

지혜로운 이는 이 뜻38)을 이해하여
가히 부처님의 경전(經典)과 계를 닦는다네.
부지런히 수행하면 세간을 벗어나게 되고
일체의 괴로움을 제거하게 되느니라.

---

38) 이 뜻: 287~288장을 가리킴.

넓게 벌린 장

廣衍品

290. 施安雖小 其報彌大
시 안 수 소 기 보 미 대

慧從小施 受見景福
혜 종 소 시 수 견 경 복

베풀어준 편안함이 비록 작다 해도
그 과보는 매우 크다네.
지혜로운 이는 작게 베푸는 것도 따르는데
훌륭한 복을 받게 되느니라.

291. 施勞於人 而欲望祐
시 로 어 인 이 욕 망 우

殃咎歸身 自遘廣怨
앙 구 귀 신 자 구 광 원

수고하여 남에게 베풀었다 해도
도움을 바라고 한 것이라면
재앙과 허물만 자신에게 돌아오게 된다네.
절로 많은 원망을 만나게 되리라.

292. 已爲多事 非事亦造
이 위 다 사 비 사 역 조

伎樂放逸 惡習日增
기 락 방 일 악 습 일 증

이미 많은 일을 하다 보면
잘못된 일도 만들게 된다네.
쾌락에 빠져 방일하다 보면
나쁜 습관만 날로 더해지느니라.

293. 精進惟行 習是捨非
정 진 유 행 습 시 사 비

修身自覺 是爲正習
수 신 자 각 시 위 정 습

정진은 사유하여 행해야 하고
옳은 것은 익히고 그른 것은 버려야 하네.
몸을 닦으며 스스로 깨달아야
이를 바르게 익히는 것이라 하느니라.

294. 除其父母緣 王家及二種
제 기 부 모 연 왕 가 급 이 종

遍滅至境土 無垢爲梵志
편 멸 지 경 토 무 구 위 범 지

"부처님께서는" 그 부모와의 인연도 억제하시고
왕가와 마침내 처와 자식 까지도…
두루 멸하고자 수행지에 이르시고
때를 없애고자 수행자가 되셨느니라.

295. 學先斷母 率君二臣
학 선 단 모 솔 군 이 신
廢諸營從 是上道人
폐 제 영 종 시 상 도 인

먼저 그 어머니[마야 왕비]와의 인연이 끊어지는 것을 배웠고
아울러 임금[父]과 두 신하[妻子]까지도…
모든 경영하고 종사하든 바를 폐하시고
이렇듯 훌륭한 도인이 되셨느니라.

296. 能知自覺者 是瞿曇弟子
능 지 자 각 자 시 구 담 제 자
晝夜當念是 一心歸命佛
주 야 당 념 시 일 심 귀 명 불

능히 스스로 깨달음을 알게 된 자를
이를 부처님의 제자라 하느니라.
밤낮으로 마땅히 이를 생각하여
한마음으로 부처님께 귀의해야 하느니라.

297. 善覺自覺者 是瞿曇弟子
선 각 자 각 자 시 구 담 제 자

畫夜當念是 一心念於法
주 야 당 념 시 일 심 염 어 법

스스로 깨달을 수 있음을 잘 깨달은 자를
이를 부처님의 제자라 하느니라.
밤낮으로 마땅히 이를 생각하여
한마음으로 법을 생각해야 하느니라.

298. 善覺自覺者 是瞿曇弟子
선 각 자 각 자 시 구 담 제 자

畫夜當念是 一心念於衆
주 야 당 념 시 일 심 염 어 중

스스로 깨달을 수 있음을 잘 깨달은 자를
이를 부처님의 제자라 하느니라.
밤낮으로 마땅히 이를 생각하여
한마음으로 대중을 생각해야 하느니라.

299.

爲佛弟子 常寤自覺
위 불 제 자 상 오 자 각

晝夜念佛 惟法思衆
주 야 염 불 유 법 사 중

부처님의 제자가 되었거든
항상 스스로 깨달을 수 있도록 깨어 있어야 하네.
낮이나 밤이나 부처님을 생각하며
오직 법과 대중을 생각해야 하느니라.

300.

爲佛弟子 常寤自覺
위 불 제 자 상 오 자 각

日暮慈悲 樂觀一心
일 모 자 비 낙 관 일 심

부처님의 제자가 되었거든
항상 스스로 깨달을 수 있도록 깨어 있어야 하네.
낮이나 밤이나 자비를 베풀며
즐겨 한마음을 관(觀)해야 하느니라.

301. 爲佛弟子 常寤自覺
　　　위 불 제 자　상 오 자 각

　　　日暮思禪 樂觀一心
　　　일 모 사 선　낙 관 일 심

부처님의 제자가 되었거든
항상 스스로 깨달을 수 있도록 깨어 있어야 하네.
낮이나 밤이나 선(禪)을 생각하며
즐겨 한 마음을 관(觀)해야 하느니라.

302.

學難捨罪難 居在家亦難
학난사죄난 거재가역난

會止同利難 艱難無過有
회지동리난 간난무과유

比丘乞求難 何可不自勉
비구걸구난 하가부자면

精進得自然 後無欲於人
정진득자연 후무욕어인

배우기가 어렵다지만 죄를 벗어 놓기가 어렵고
머무는 곳이 집에 있다 보면 또한 어렵다네.
모여서 수행한다 하여 함께 이롭기 어려우니
어렵고 어렵다 해도 지나치다 할 수 없느니라.
비구여 구걸하기 어렵다지만
어찌 가히 스스로 힘쓰지 않겠는가?
정진하면 자연히 얻어지게 되나니
뒷날 사람들에게 욕심을 없애고자 함이니라.

303. 有信則戒成 從戒多致寶
　　　유 신 즉 계 성　종 계 다 치 보

　　　亦從得諧偶 所在見供養
　　　역 종 득 해 우　소 재 견 공 양

　　믿음이 있은즉 계를 이루고
　　계를 좇으면 많은 보물이 이른다네.
　　또한 좇다 보면 화합을 얻게 되고
　　있는 곳마다 공양을 받게 되느니라.

304. 近道名顯 如高山雪
　　　근 도 명 현　여 고 산 설

　　　遠道闇昧 如夜發箭
　　　원 도 암 매　여 야 발 전

　　도를 가까이 하면 이름이 드러나게 되는데
　　마치 높은 산의 눈처럼.
　　도를 멀리 하면 어둡고 어두워지기에
　　마치 캄캄한 밤에 화살을 쏘는 것 같으니라.

305. 一坐一處臥 一行無放逸
일 좌 일 처 와 일 행 무 방 일

守一以正身 心樂居樹間
수 일 이 정 신 심 락 거 수 간

한 번 앉거나 한곳에 눕거나
한결같은 수행으로 방일(放逸)함이 없어야 하네.
하나를 지키어 이로써 몸을 바르게 하면
마음이 숲에 머물러도 즐거우니라.

지옥의 장

306. 妄語地獄近 作之言不作
　　　망 어 지 옥 근 　작 지 언 불 작

二罪後俱受 自作自牽往
이 죄 후 구 수 　자 작 자 견 왕

망령된 말은 지옥에 가까워지고

하고도 하지 않았다 말한다면

두 가지 죄를 뒤에 함께 받게 되는데

스스로 지은 대로 절로 "지옥으로" 끌고 가느니라.

307. 法衣在其身 爲惡不自禁
법 의 재 기 신 위 악 부 자 금

苟沒惡行者 從則墮地獄
구 몰 악 행 자 종 즉 타 지 옥

가사(袈裟)를 그 몸에 입었다 해도
악한 짓을 스스로 금하지 못하거나
구차하게 몹쓸 짓에 빠지는 자는
수명이 다한즉 지옥에 떨어지게 되느니라.

308. 寧噉燒石 吞飮鎔銅
영 담 소 석 탄 음 용 동

不以無戒 食人信施
불 이 무 계 식 인 신 시

차라리 불에 달군 돌을 씹거나
용광로의 구리물을 삼킬지언정
이로써 계(戒)도 없이
남이 믿음으로 보시한 것을 먹지 말아야 하느니라.

309. 放逸有四事 好犯他人婦
방 일 유 사 사　호 범 타 인 부

臥險非福利 毀三淫泆四
와 험 비 복 리　훼 삼 음 일 사

방탕한 것에 네 가지가 있으니
즐겨 남의 아내를 범하는 자와
험한 짓을 하며 복리(福利)를 돌보지 않는 자와
헐뜯는 자가 셋, 음탕한 자가 넷이니라.

310. 不福利墮惡 畏而畏樂寡
불 복 리 타 악　외 이 외 낙 과

王法重罰加 身死入地獄
왕 법 중 벌 가　신 사 입 지 옥

"위의 네 가지 몹쓸 짓을 하면"
복리도 받지 못하고 악업에 떨어지며
두렵고 두려워서 즐거움은 적어진다네.
왕법 "인연법"이 중벌을 가할 것인데
몸이 죽고 나면 지옥으로 들어가게 되느니라.

311. 譬如拔菅草 執緩則傷手
비 여 발 관 초 집 완 즉 상 수
學戒不禁制 獄錄乃自賊
학 계 불 금 제 옥 록 내 자 적

비유하면 억새풀을 뽑는 것과 같아서
느슨하게 잡은즉 손을 상한다네.
계(戒)를 배우고도 금하거나 억제하지 못하면
지옥에 기록되어 이내 스스로 적이 되느니라.

312. 人行爲慢惰 不能除衆勞
인 행 위 만 타 불 능 제 중 로
梵行有玷缺 終不受大福
범 행 유 점 결 종 불 수 대 복

사람의 행실이 게으르다 보면
능히 대중의 노고를 억제하지 못한다네.
수행자가 결점이 있으면
마침내 큰 복[깨달음]을 받지 못하느니라.

313. 常行所當行 自持必令強
상 행 소 당 행 자 지 필 영 강
遠離諸外道 莫習爲塵垢
원 리 제 외 도 막 습 위 진 구

항상 마땅히 행할 바를 행하며
스스로 "戒를" 지녀서 반드시 "戒"로 하여금 강해져야 하네.
모든 외도를 멀리 떠나서
먼지와 때가 되는 것은 익히지 말아야 하느니라.

314. 爲所不當爲 然後致鬱毒
위 소 부 당 위 연 후 치 울 독
行善常吉順 所適無悔悕
행 선 상 길 순 소 적 무 회 희

하는 바가 부당하다 보면
연후에 울 독이 이르게 된다네.
선을 행하면 항상 길하고 순조롭기에
가는 곳마다 후회 하는 일 없느니라.

315. 如備邊城 中外牢固
여 비 변 성 중 외 뇌 고

自守其心 非法不生
자 수 기 심 비 법 불 생

行缺致憂 令墮地獄
행 결 치 우 영 타 지 옥

마치 변방의 성을 방비하듯

안과 밖을 견고히 하게.

스스로 그 마음을 지키면

법이 아닌 것은 생기지 않는다네.

행실에 결함이 있으면 근심이 이르게 되는데

그로 하여금 지옥에 떨어지게 되느니라.

316. 可羞不羞 非羞反羞
　　가 수 불 수 비 수 반 수
　　生爲邪見 死墮地獄
　　생 위 사 견 사 타 지 옥

부끄러워할 것에 부끄러워 않고
부끄럽지 않은 것에 도리어 부끄러워하면
살아서는 삿된 견해에 빠지게 되고
죽어서 지옥에 떨어지게 되느니라.

317. 可畏不畏 非畏反畏
　　가 외 불 외 비 외 반 외
　　信向邪見 死墮地獄
　　신 향 사 견 사 타 지 옥

두려워할 것은 두려워 않고
두려워하지 않을 것에 도리어 두려워하면
믿음이 삿된 견해로 향하는 것이라서
죽어서 지옥에 떨어지게 되느니라.

318. 可避不避 可就不就
가 피 불 피 가 취 불 취

翫習邪見 死墮地獄
완 습 사 견 사 타 지 옥

피해야 할 것은 피하지 않고
나가지 않을 곳에 도리어 나아가면
삿된 견해를 즐기고 익히는 것이라서
죽어서 지옥에 떨어지게 되느니라.

319. 可近則近 可遠則遠
가 근 즉 근 가 원 즉 원

恒守正見 死墮善道
항 수 정 견 사 타 선 도

가까이해야 할 것을 가까이하고
멀리할 것은 멀리하면
항상 바른 견해를 지키는 것이라서
죽어서 선한 길로 인도되느니라.

코끼리의 장

320. 我如象鬪 不恐中箭
아 여 상 투 불 공 중 전

常以誠信 度無戒人
상 이 성 신 도 무 계 인

나는 마치 싸움터에 나간 코끼리처럼
화살에 맞는 것을 두려워하지 않는다네.
항상 정성과 믿음으로써
계(戒)가 없는 사람도 제도(濟度)하느니라.

321. 譬象調正 可中王乘
비 상 조 정 가 중 왕 승

調爲尊人 乃受誠信
조 위 존 인 내 수 성 신

비유하면 코끼리를 바르게 조련하면

임금이 타도록 알맞게 된다네.

"마음을" 조복하면 존귀한 사람이 되는데

이래서 정성과 믿음으로 "계를" 수지해야 하느니라.

322. 雖爲常調 如彼新馳
수 위 상 조 여 피 신 치

亦最善象 不如自調
역 최 선 상 불 여 자 조

비록 항상 조련을 하며

저와 같이 새로운 "코끼리를" 길들여서

또한 가장 훌륭한 코끼리로 조련했다 해도

스스로를 조복하는 것만 같지 못하느니라.

323. 彼不能適 人所不至
　　　피 불 능 적 　인 소 부 지

　　　唯自調者 能到調方
　　　유 자 조 자 　능 도 조 방

저들[믿지 않는 자]은 능히 적합하지 않다며
사람이 이르지 못하는 바라고 하지만
오직 스스로를 조복하려는 자만이
능히 조복 받는 곳에 이르게 되느니라.

324. 如象名財守 猛害難禁制
　　　여 상 명 재 수 　맹 해 난 금 제

　　　繫絆不與食 而猶暴逸象
　　　계 반 불 여 식 　이 유 폭 일 상

마치 코끼리를 조련하여 명예와 재물을 지키려 하면서
맹수의 피해를 금하고 억제하기 어렵다 하여
옭아 맨 채 제대로 먹이지 않는다면
오히려 사나운 코끼리가 되느니라.

325. 沒在惡行者 恒以貪自繫
몰 재 악 행 자 항 이 탐 자 계

其象不知厭 故數入胞胎
기 상 부 지 염 고 수 입 포 태

악한 행동에 빠져 있는 자는
항상 탐욕으로써 스스로를 옭아맨다네.
그 코끼리[마음]를 다루는 것을 알지 못한 채
그래서 수없이 포태[윤회]에 들게 되느니라.

326. 本意爲純行 及常行所安
본 의 위 순 행 급 상 행 소 안

悉捨降結使 如鉤制象調
실 사 항 결 사 여 구 제 상 조

본래 뜻대로 순순히 행하였다 해도
아울러 항상 편하게만 행동하였다면
모두 놓아서 맺힌 것으로 하여금 항복 받아야 하네.
마치 갈고리로 코끼리를 조련하고 제압하듯이…

327. 樂道不放逸 常能自護心
낙 도 불 방 일　상 능 자 호 심

是爲拔身苦 如象出于陷
시 위 발 신 고　여 상 출 우 함

도를 즐겨하여 방일하지 않고
항상 능히 스스로 마음을 수호하면
이것이 자신의 괴로움을 뽑아내는 것이라네.
마치 코끼리가 함정에서 벗어나듯이…

328. 若得賢能伴 俱行行善悍
약 득 현 능 반　구 행 행 선 한

能伏諸所聞 至到不失意
능 복 제 소 문　지 도 불 실 의

만약 어질고 훌륭한 도반을 얻어
함께 행하며 선하고 굳세게 수행하면
능히 모든 소문을 조복하여
이르는 곳마다 뜻을 잃지 않으리라.

329.

不得賢能伴 俱行行惡悍
부 득 현 능 반 구 행 행 악 한

廣斷王邑里 寧獨不爲惡
광 단 왕 읍 리 영 독 불 위 악

어질고 훌륭한 도반을 얻지 못하여
함께 수행하며 악한 짓만 행한다면
넓게 왕읍[도성]이나 마을과도 단절한 채
차라리 홀로 악을 행하지 않는 것만 못하니라.

330.

寧獨行爲善 不與愚爲侶
영 독 행 위 선 불 여 우 위 려

獨而不爲惡 如象驚自護
독 이 불 위 악 여 상 경 자 호

차라리 홀로 선을 행할지언정
어리석은 이와는 어울리지 않아야 하네.
홀로는 악한 짓을 하지 않게 되는데
마치 코끼리가 놀라면 스스로를 수호하듯이…

331. 生而有利安 伴溫和爲安
생 이 유 리 안 반 온 화 위 안

命盡爲福安 衆惡不犯安
명 진 위 복 안 중 악 불 범 안

살면서 이롭고 편안하게 해 주고
도반을 따뜻이 감싸 주고 편안하게 해 주면
명이 다하도록 복되고 편안하다네.
모든 악도 편안함을 범하지 못하느니라.

332. 人家有母樂 有父斯亦樂
인 가 유 모 락 유 부 사 역 락

世有沙門樂 天下有道樂
세 유 사 문 락 천 하 유 도 락

집에는 어머니가 계셔야 즐겁고
아버지도 계셔야 이 또한 즐겁다네.
세상에는 사문(沙門)이 있어야 즐겁고
천하에 도(道)가 있어야 즐거우니라.

333. 持戒終老安 信正所正善
　　　지 계 종 노 안　신 정 소 정 선

　　　智慧最安身 不犯惡最安
　　　지 혜 최 안 신　불 범 악 최 안

계를 지키면 마침내 늙도록 편안하고
믿음이 바르면 하는 바도 바르고 선하다네.
지혜야 말로 가장 몸을 편안히 하는 것이요
악을 범하지 않는 것이 가장 편안하니라.

욕망의 장

愛欲品

334. 心放在婬行 欲愛增枝條
심 방 재 음 행　욕 애 증 지 조

分布生熾盛 超躍貪果猴
분 포 생 치 성　초 약 탐 과 후

마음의 방탕은 음탕함에 있는데
욕망과 애욕으로 가지를 뻗어 간다네.
나누어질 때 마다 뜨거운 불꽃이 생기는데
과일을 탐하는 원숭이처럼 날뛰느니라.

335. 以爲愛忍苦 貪欲着世間
이 위 애 인 고 탐 욕 착 세 간

憂患日夜長 筵如蔓草生
우 환 일 야 장 연 여 만 초 생

애욕으로써 괴로움을 참으려는 것은
탐욕이 세상에 부딪힐 때마다
걱정과 근심이 밤낮으로 자라며
엉키어, 마치 풀 넝쿨처럼 뻗어나느니라.

336. 人爲恩愛感 不能捨情欲
인 위 은 애 감 불 능 사 정 욕

如是憂愛多 潺潺盈于池
여 시 우 애 다 잔 잔 영 우 지

사람이 은애하는 감정에 빠지게 되면
능히 정과 욕망을 내려놓지 못한다네.
이와 같은 근심과 애욕이 많아지면
잔잔히 "욕망의" 연못을 채우느니라.

337. 爲道行者 不與欲會
위 도 행 자 불 여 욕 회

先誅愛本 無所植根
선 주 애 본 무 소 식 근

勿如刈葦 令心復生
물 여 예 위 영 심 부 생

도를 수행하는 자는
욕망의 기회를 만들지 말아야 하네.
먼저 애욕의 근본을 잘라야 하고
뿌리가 자라나는 일이 없도록 하게나.
마치 갈대를 자르듯이
마음에서 하여금 다시는 자라나지 못하게 하라.

338. 如樹根深固 雖截猶復生
　　　여 수 근 심 고　수 절 유 부 생

　　　愛意不盡除 輒當還受苦
　　　애 의 부 진 제　첩 당 환 수 고

　마치 나무의 뿌리가 깊고 견고하면
　비록 자른다 해도 오히려 뒤에 자라난다네.
　애욕(愛慾)의 의지를 모두 제거하지 못하면
　번번이 도로 괴로움을 받게 되느니라.

339. 三十六使流 幷及心意漏
　　　삼 십 육 사 류　병 급 심 의 루

　　　數數有邪見 依於欲想結
　　　수 수 유 사 견　의 어 욕 상 결

　육근(六根)이 여섯 경계와 부딪히고 흐르면서
　아우르며 마음과 의식으로 새어 나간다네.
　무수히 삿된 견해가 생기는데
　의지하며 욕망을 맺게 하느니라.

340. 一切意流衍 愛結如葛藤
일 체 의 류 연 애 결 여 갈 등

唯慧分別見 能斷意根原
유 혜 분 별 견 능 단 의 근 원

일체의 의식이 흐르고 벌어지면서
애욕을 맺어 갈등하게 된다네.
오직 지혜로써 분별하고 보아서
능히 의식의 근원을 끊어 내야 하느니라.

341. 夫從愛潤澤 思想爲滋蔓
부 종 애 윤 택 사 상 위 자 만

愛欲深無低 老死是用增
애 욕 심 무 저 노 사 시 용 증

대개 애욕의 윤택함을 좇다 보면
사상은 헝클어지기 마련이라네.
애욕이란 깊어서 밑바닥이 없기에
늙어 죽도록 이의 작용만 더하느니라.

342. 衆生愛纏裏 猶兎在於置
중 생 애 전 리 유 토 재 어 치

爲結使所纏 數數受苦惱
위 결 사 소 전 수 수 수 고 뇌

중생이 애욕에 갇혀 있는 것이
마치 토끼가 덫에 걸린 것과 같다네.
덫을 풀려고 하나 더욱 묶이게 되고
무수한 괴로움을 받게 되느니라.

343. 若能滅彼愛 三有無復愛
약 능 멸 피 애 삼 유 무 부 애

比丘已離愛 寂滅歸泥洹
비 구 이 리 애 적 멸 귀 니 원

만약 능히 저 애욕을 멸(滅)하고자 하면
셋인 "계정혜(戒定慧)"가 있어야 다시는 애욕이 없게 된다네.
비구는 이미 애욕을 떠났기에
적멸(寂滅)한 니르바나로 돌아가리라.

344. 非園脫於園 脫園復就園
비 원 탈 어 원 탈 원 부 취 원

當復觀此人 脫縛復就縛
당 부 관 차 인 탈 박 부 취 박

속세가 맞지 않는다며 속세를 벗어나지만
속세를 벗어났다가 다시 속세로 돌아온다네.
마땅히 다시 이런 사람을 관(觀)해 보면
속박을 벗어났다가 다시 속박으로 나가는 것이라네.

345. 雖獄有鉤鎖 慧人不爲牢
수 옥 유 구 쇄 혜 인 불 위 뢰

愚見妻子息 染着愛甚牢
우 견 처 자 식 염 착 애 심 뢰

비록 지옥의 갈고리와 자물쇠가 있다 해도
지혜로운 이는 가두지 못한다네.
어리석은 이는 처자식을 돌보다 보니
애욕에 물들고 집착하다 심하게 갇히게 된다네.

346. 慧說愛爲獄 深固難得出
혜 설 애 위 옥　심 고 난 득 출
是故當斷棄 不視欲能安
시 고 당 단 기　불 시 욕 능 안

지혜 있는 이가 말하길 "애욕은 지옥이라고"
깊고 견고하여 벗어나기 어렵다 하네.
이와 같은 연고로 마땅히 끊고 버려서
돌아보지 않아야 욕망에서 능히 편안한 것이라네.

347. 以淫樂自裏 譬如蠶作繭
이 음 락 자 리　비 여 잠 작 견
智者能斷棄 不盻除衆苦
지 자 능 단 기　불 혜 제 중 고

음탕함으로써 즐거움에 스스로 빠지는 자는
비유하면 누에가 고치를 만드는 것과 같다네.
지혜로운 자는 능히 끊고 버려서
돌아보지 않고서 모든 고통을 제거하느니라.

348. 捨前捨後 捨間越有
　　　　사 전 사 후 　사 간 월 유

　　　一切盡捨 不受生死
　　　　일 체 진 사 　불 수 생 사

앞 "생각을" 놓고, 뒤 "생각도" 놓은 채
그 사이에 넘나드는 "생각마저" 놓게나.
일체를 모두 놓아 버려야
생(生)과 사(死)의 구속을 받지 않게 되느니라.

349. 心念放逸者 見淫以爲淨
　　　　심 념 방 일 자 　견 음 이 위 정

　　　恩愛意盛增 從是造獄牢
　　　　은 애 의 성 증 　종 시 조 옥 뢰

마음과 생각이 방탕한 자는
음탕함을 보고도 이로써 청정하다 여긴다네.
은애하는 의식만 무성하게 더하여
이를 좇아 지옥의 우리를 짓게 되느니라.

350. 覺意滅淫者 常念欲不淨
각 의 멸 음 자　상 념 욕 부 정
從是出邪獄 能斷老死患
종 시 출 사 옥　능 단 노 사 환

의식을 깨달아 음탕함을 멸한 자는
항상 욕망을 부정하다고 생각한다네.
이를 좇아 삿된 지옥을 벗어나게 되고
능히 늙고 죽는 근심마저 끊게 되느니라.

351. 無欲無有畏 恬淡無憂患
무 욕 무 유 외　염 담 무 우 환
欲除使結解 是爲長出淵
욕 제 사 결 해　시 위 장 출 연

욕망이 없으면 두려움도 있을 수 없고
고요히 하면 근심도 걱정도 없게 된다네.
욕망을 억제하고 맺힌 것을 풀어야
이로써 길이 "생사의" 늪에서 벗어나게 되느니라.

352. 盡道除獄縛 一切此彼解
　　　 진 도 제 옥 박　일 체 차 피 해
　　　 已得度邊行 是爲大智士
　　　 이 득 도 변 행　시 위 대 지 사

도(道)에 매진하여 지옥의 속박을 제거하고
일체의 애착과 욕망을 풀어내면
이미 득도(得度)하여 세속을 벗어난 행위라서
이를 크게 지혜로운 이라고 하느니라.

353. 若覺一切法 能不着諸法
　　　 약 각 일 체 법　능 불 착 제 법
　　　 一切愛意解 是爲通聖意
　　　 일 체 애 의 해　시 위 통 성 의

만약 일체의 법을 깨닫고자 하면
능히 모든 법에 집착하지 않아야 하네.
일체의 애욕을 의식에서 벗어 놓아야
이를 성인의 뜻에 통한 것이라 하느니라.

354. 衆施經施勝 衆味道味勝
중 시 경 시 승 중 미 도 미 승

衆樂法樂勝 愛盡勝衆苦
중 락 법 락 승 애 진 승 중 고

모든 보시 중에 경(經)의 보시가 수승하다 하고
모든 맛 중에 도(道)의 맛이 훌륭하다 한다네.
모든 즐거움에서 법을 얻은 즐거움이 으뜸이라 하고
애욕이 다해야 모든 괴로움을 이겨 낸 것이니라.

355. 愚以貪自縛 不求度彼岸
우 이 탐 자 박 불 구 도 피 안

貪爲愛欲故 害人亦自害
탐 위 애 욕 고 해 인 역 자 해

어리석어 탐욕으로써 스스로 결박되면
피안으로 건너가는 길 구하지 못한다네.
탐욕과 애욕이 되는 연고야말로
남도 해치고 또한 스스로도 해치느니라.

356. 愛欲意爲田 婬怒痴爲種
　　　애 욕 의 위 전 음 로 치 위 종

　　　故施度世者 得福無有量
　　　고 시 도 세 자 득 복 무 유 량

애욕으로 의식의 밭을 삼으면
음탕함과 성냄과 어리석음의 씨앗이 된다네.
이 같은 연고를 세간에서 건져 주는 자는
얻어지는 복도 헤아릴 수 없다 하느니라.

357. 한문 자료 미상(漢文資料未詳)

358. 한문 자료 미상(漢文資料未詳)

359. 한문 자료 미상(漢文資料未詳)

스님의 장

比丘品

360. 端目耳鼻口 身意常守正
단 목 이 비 구 신 의 상 수 정

比丘行如是 可以免衆苦
비 구 행 여 시 가 이 면 중 고

눈과 귀와 코와 입을 단정히 하고
몸과 의식을 항상 바르게 지켜야 하네.
비구는 행실이 이와 같아야
가히 이로써 모든 괴로움을 면하게 되느니라.

361. 한문 자료 미상(漢文資料未詳)

362. 手足莫妄犯 節言愼所行
수 족 막 망 범 절 언 신 소 행

常內樂定意 守一行寂然
상 내 락 정 의 수 일 행 적 연

손과 발이 망령되게 범하지 말게 하고
말씨를 절제하고 행하는 바를 삼가하라.
항상 안으로 즐거이 선정에 들며
한결같이 지키고 수행하면 고요해지느니라.

363. 學當守口 寡言安徐
　　　학 당 수 구 　과 언 안 서

　　　法義爲定 言必柔軟
　　　법 의 위 정 　언 필 유 연

배우는 자는 마땅히 입을 지켜야 하는데
말씨는 적고 편안하게 천천히 하게나.
법을 따르고 선정이 배면
말씨가 반드시 부드러워지느니라.

364. 樂法欲法 思惟安法
　　　낙 법 욕 법 　사 유 안 법

　　　比丘依法 正而不費
　　　비 구 의 법 　정 이 불 비

법을 좋아하여 법을 얻고자 하면
편안히 법을 사유(思惟)하게나.
비구는 법에 의지해야 하며
바르게 하되, 허비하지 않아야 하느니라.

365. 學無求利 無愛他行
학 무 구 리 　 무 애 타 행

比丘好他 不得定意
비 구 호 타 　 부 득 정 의

배우는 자는 이익을 구함이 없어야 하고
남의 행을 부러워함도 없어야 하네.
비구가 다른 수행을 좋아하다 보면
선정의 뜻을 얻지 못하게 되느니라.

366. 比丘少取 以得無積
비 구 소 취 　 이 득 무 적

天人所譽 生淨無穢
천 인 소 예 　 생 정 무 예

비구는 취하는 것이 적어야 하고
이렇게 얻어졌다 해도 쌓아 둠이 없어야 하네.
하늘과 사람이 기리는 바가 되며
청정한 삶이라서 더러움이 없다 하느니라.

367. 一切名色 非有莫惑
　　　일 체 명 색 비 유 막 혹
　　　不近不憂 乃爲比丘
　　　불 근 불 우 내 위 비 구

일체의 명예와 물질에서
없든 있든 미혹되지 말게나.
가까이 하지 않으면 근심도 않게 되고
이렇게 해야 비구라 하느니라.

368. 比丘爲慈 愛敬佛敎
　　　비 구 위 자 애 경 불 교
　　　深入止觀 滅行乃安
　　　심 입 지 관 멸 행 내 안

비구는 자비스러워야 하고
부처님의 가르침을 좋아하고 공경해야 하네.
깊이 들어가 "의식은" 그치고 "자성을" 관하여
"번뇌를" 멸하도록 행해야 이내 편안히 되느니라.

369. 比丘扈船 中虛則輕
비 구 호 선 중 허 즉 경

除淫怒癡 是爲泥洹
제 음 노 치 시 위 니 원

비구여! 넓은 배라 할지라도
속을 비워야 곧 가벼워진다네.
음탕함과 분노와 어리석음을 억제해야
이를 니르바나라 하느니라.

370. 捨五斷五 思惟五根
사 오 단 오 사 유 오 근

能分別五 乃渡河淵
능 분 별 오 내 도 하 연

오근(五根)39)을 내려놓고 오경(五境)40)을 끊어 내려면
오근(五根)을 깊이 사유하게나.
능히 오온(五蘊)41)이 모두 공(空)임을 분별할 수 있어야
이내 괴로움의 연못을 건너게 되느니라.

---

39) 오근(五根): 안이비설신(眼耳鼻舌身).
40) 오경(五境): 색성향미촉(色聲香味觸).
41) 오온(五蘊): 색수상행식(色受想行識).

371.

禪無放逸 莫爲欲亂
선 무 방 일 막 위 욕 란

不呑鎔銅 自惱憔形
불 탄 용 동 자 뇌 초 형

선정(禪定)은 방일(放逸)함이 없어야 하니
욕망으로 어지러워지지 못하도록 하게나.
용광로의 구리물을 삼키지 않았다 해도
스스로의 번뇌로 몸이 파리하게 되느니라.

372.

無禪不智 無智不禪
무 선 부 지 무 지 불 선

道從禪智 得至泥洹
도 종 선 지 득 지 니 원

선정이 없으면 지혜가 없는데
지혜가 없는 것은 선정을 닦지 않아서라네.
도를 쫓아 선정을 닦고 지혜가 있어야
니르바나에 이르게 되느니라.

373. 當學入空 靜居止意
　　　당 학 입 공　정 거 지 의
　　　樂獨屛處 一心觀法
　　　낙 독 병 처　일 심 관 법

마땅히 배우는 자는 공(空)에 들어야 하는데
고요히 머물며 의식을 그쳐야 하네.
홀로 있기를 즐거워해야 하며
한마음으로 법을 관해야 하느니라.

374. 當制五陰 伏意如水
　　　당 제 오 음　복 의 여 수
　　　淸淨和悅 爲甘露味
　　　청 정 화 열　위 감 로 미

마땅히 오음(五陰)⁴²⁾을 억제하고
항복 받은 의식을 물과 같이 흐르게 하라.
청정하게 조화된 기쁨이야말로
감로(甘露)의 맛이라 하느니라.

---

42) 오음(五陰): 색수상행식(色受想行識). 오온(五蘊)과 같음.

375. 不受所有 爲慧比丘
　　　불 수 소 유 위 혜 비 구

　　　攝根知足 戒律悉持
　　　섭 근 지 족 계 율 실 지

"물질적인" 소유의 작용을 받지 않아야
지혜로운 비구라 한다네.
육근(六根)43)을 다스려서 족할 줄 알아야
계율을 모두 수지한 것이라 하느니라.

376. 生當行淨 求善師友
　　　생 당 행 정 구 선 사 우

　　　知者成人 度苦致喜
　　　지 자 성 인 도 고 치 회

삶은 마땅히 청정히 행해야 하고
훌륭한 스승과 벗을 구해야 하네.
이를 아는 자는 인격을 이루게 되고
괴로움을 벗어나 기쁨에 이르게 되느니라.

---

43) 육근(六根): 안이비설신의(眼耳鼻說身意).

377. 如衛師華 熟知自墮
여 위 사 화 숙 지 자 타

釋淫怒痴 生死自解
석 음 노 치 생 사 자 해

마치 위사화(衛師華)가
익으면 스스로 떨어질 때를 알게 되듯이…
음탕함과 성냄과 어리석음을 풀어내면
생사에서 절로 벗어나느니라.

378. 止身止言 心守玄默
지 신 지 언 심 수 현 묵

比丘棄世 是爲受寂
비 구 기 세 시 위 수 적

몸으로도 그치고 말도 그쳐서
마음으로 고요한 침묵을 지켜야 하네.
비구는 세간의 "욕망을" 버려야만
이를 고요함을 받아들인 것이라 하느니라.

379. 當自勅身 內與心爭
　　　당 자 칙 신 　내 여 심 쟁
　　　護身念諦 比丘惟安
　　　호 신 염 제 　비 구 유 안

마땅히 스스로 자신을 다스리되
안으로 마음과 더불어 다투어 가게.
몸을 수호하고 진리를 생각하면
비구여! 오직 편안해지느니라.

380. 我自爲我 計無有我
　　　아 자 위 아 　계 무 유 아
　　　故當損我 調乃爲賢
　　　고 당 손 아 　조 내 위 현

나를 스스로 나라고 고집하지만
계산해 보아도 나라고 할 만한 것이 없다네.
고로 마땅히 나라는 고정관념을 덜어 내야 하고
마음을 고르다 보면 이내 어질어지느니라.

381. 喜在佛教 可以多喜
희 재 불 교 가 이 다 희
至到寂寞 行滅永安
지 도 적 막 행 멸 영 안

환희(歡喜)여! 부처님의 가르침에 있나니
가히 이로써 환희(歡喜)가 많아진다네.
적막(寂寞)에 이르게 되고
수행하면 "번뇌가" 멸해져 영원히 편안해지느니라.

382. 儻有少行 應佛教戒
당 유 소 행 응 불 교 계
此照世間 如日無曀
차 조 세 간 여 일 무 에

자유롭게 조금이라도 수행에 뜻을 두어
부처님의 가르침과 계율에 응하면
이로써 세간을 비추게 된다네.
마치 해가 뜨면 흐린 비바람이 걷히듯이…

수행자의 장

383. **截流而渡 無欲如梵**
절 류 이 도 무 욕 여 범

知行已盡 是謂梵志
지 행 이 진 시 위 범 지

세간의 흐름을 끊고 벗어나서

욕망이 없는 수행자처럼

수행하는 바를 알고 이미 매진하고 있다면

이를 범지(梵志)44)라 이르리라.

---

44) 범지(梵志): 바라문. 수행자를 이름.

384.

以無二法 清淨渡淵
이 무 이 법 청 정 도 연

諸欲結解 是謂梵志
제 욕 결 해 시 위 범 지

무이 법(無二法)45)으로써

청정하게 괴로움의 연못을 건너야 하네.

모든 욕망의 매듭을 풀어내면

이를 바라문이라 이르리라.

385.

適彼無彼 彼彼已空
적 피 무 피 피 피 이 공

捨離貪淫 是謂梵志
사 리 탐 음 시 위 범 지

저것(名利: 명리)을 만나도 저것에 걸림이 없고

저것(貪慾: 탐욕)과 저것(淫慾: 음욕)에서 이미 비워져서

탐욕과 음욕을 내려놓고 떠나야

이를 바라문이라 이르리라.

---

45) 무이법(無二法): 두 가지 것의 대립이 없는 법. 자성(自性). 불법(佛法).

386.
思惟無垢 所行不漏
사 유 무 구 소 행 불 루

上求不起 是謂梵志
상 구 불 기 시 위 범 지

사유는 때를 없애고자 함이니
수행하는 바에서 새지 않도록 하게나.
지혜를 구하며 망상이 일어나지 않아야
이를 바라문이라 이르리라.

387.
日照於晝 月照於夜
일 조 어 주 월 조 어 야

甲兵照軍 禪照道人
갑 병 조 군 선 조 도 인

佛出天下 照一切冥
불 출 천 하 조 일 체 명

태양은 낮을 빛나게 하고
달은 밤을 빛나게 하네.
무장한 병사는 군을 빛나게 하고
참선은 도인을 빛나게 하네.
부처님이 천하에 출현하심은
일체의 어둠을 비추고자 함이니라.

388. 出惡爲梵志 入正爲沙門
출 악 위 범 지 입 정 위 사 문
棄我衆穢行 是則爲捨家
기 아 중 예 행 시 즉 위 사 가

악(惡)에서 벗어나야 바라문이라 하고
정법에 들어가야 사문이라 한다네.
나의 모든 더러운 행위를 버려야
이를 곧 집을 놓았다 하느니라.

389. 不捶梵志 不放梵志
불 추 범 지 불 방 범 지
咄捶梵志 放者亦咄
돌 추 범 지 방 자 역 돌

바라문은 때려도 아니 되고
바라문은 내쳐도 아니 되네.
바라문을 꾸짖거나 때리거나
내치는 자는, 또한 꾸짖어야 하느니라.

390. 若猗於愛 心無所着
  약 의 어 애 심 무 소 착
  已捨已正 是滅衆苦
  이 사 이 정 시 멸 중 고

만약 아름다운 것이나 사랑할 만한 것에도
마음에 집착하는 바가 없도록 하게.
이미 놓아져서 이미 바르게 되었다면
이로써 모든 괴로움을 멸한 것이니라.

391. 身口與意 淨無過失
  신 구 여 의 정 무 과 실
  能攝三行 是謂梵志
  능 섭 삼 행 시 위 범 지

몸과 입과 의식까지도
청정히 하여 허물이 없어야 하네.
능히 이 세 가지 행(行)을 다스려야
이를 바라문이라 이르리라.

392.

若心曉了 佛所說法
약 심 효 료 불 소 설 법

觀心自歸 淨於爲水
관 심 자 귀 정 어 위 수

만약 마음으로
부처님이 말씀하신 법을 밝히고자 하면
마음이 스스로 돌아가는 바를 관(觀)하게나.
청정하기가 물같이 되어야 하느니라.

393.

非族結髮 名爲梵志
비 족 결 발 명 위 범 지

誠行法行 淸白則賢
성 행 법 행 청 백 즉 현

부족이나 머리를 묶은 것 때문이 아니요.
이름이 바라문이라 하는 것은
성실히 수행하고 법답게 행하며
맑고 깨끗하여 곧 어질기 때문이니라.

394. 飾髮無慧 草衣何施
　　　식 발 무 혜　초 의 하 시

　　　內不離着 外捨何益
　　　내 불 이 착　외 사 하 익

머리를 묶었다 해도 지혜가 없다면
풀 옷을 입은들 무엇을 베풀 것인가?
안으로 집착을 떠나지 못했다면
밖으로 놓았다 해도 어떤 이익이 있겠는가?

395. 被服弊惡 躬承法行
　　　피 복 폐 악　궁 승 법 행

　　　閑居思惟 是謂梵志
　　　한 거 사 유　시 위 범 지

입은 옷이 거친 누더기라도
몸으로 법(法)을 이어 행하고
한가히 머물며 사유(思惟)하면
이를 바라문이라 이르리라.

396.
我不說梵志 託父母生者
아 불 설 범 지 탁 부 모 생 자
彼多衆瑕穢 滅則爲梵志
피 다 중 하 예 멸 즉 위 범 지

나는 바라문이라 말하지 않는다네.
부모를 의지해 태어났다고 하여…
저대로는 숱한 하자와 더러움이 많다 해도
멸한즉 바라문이라 하리라.

397.
絶諸可欲 不淫其志
절 제 가 욕 불 음 기 지
委棄欲數 是謂梵志
위 기 욕 수 시 위 범 지

모든 욕망을 끊어 내려면
그 의지가 음탕하지 않아야 하네.
무수한 욕망을 버리고 나면
이를 바라문이라 이르리라.

398.　斷生死河 能忍超度
　　　단 생 사 하　능 인 초 도
　　　自覺出塹 是謂梵志
　　　자 각 출 참　시 위 범 지

생과 사의 흐름을 끊어 내려면
능히 참고 초월하여야 하네.
스스로 깨닫고자 구덩이를 뛰쳐나와야
이를 바라문이라 이르리라.

399.　見罵見擊 嘿受不怒
　　　견 매 견 격　묵 수 불 노
　　　有忍辱力 是謂梵志
　　　유 인 욕 력　시 위 범 지

매도당하거나 매를 맞을지라도
침착하게 받아들여 성내지 않아야 하네.
욕을 참아 내는 힘이 있어야
이를 바라문이라 이르리라.

400. 若見侵欺 但念守戒
약 견 침 기 단 념 수 계

　　　端身自調 是謂梵志
　　　단 신 자 조 시 위 범 지

만약 나를 침범하거나 속일지라도
다만 고요히 생각하며 계를 지켜야 하네.
몸을 단정히 하고 스스로 고르면
이를 바라문이라 이르리라.

401. 心棄惡法 如蛇脫皮
심 기 악 법 여 사 탈 피

　　　不爲欲汚 是謂梵志
　　　불 위 욕 오 시 위 범 지

마음에서 악법을 버리기를
마치 뱀이 허물을 벗듯이 하게.
더러운 것에 물들지 않으면
이를 바라문이라 이르리라.

402. 覺生爲苦 從是滅意
　　　각 생 위 고　종 시 멸 의

　　　能下重擔 是謂梵志
　　　능 하 중 담　시 위 범 지

삶이 괴로움이 되는 것임을 깨달아서
이를 쫓아 의식에서 "번뇌를" 멸해야 하네.
능히 무거운 짐을 내려놓아야
이를 바라문이라 이르리라.

403. 解微妙慧 辯道不道
　　　해 미 묘 혜　변 도 부 도

　　　體行上義 是謂梵志
　　　체 행 상 의　시 위 범 지

미묘함을 이해한 지혜로
도와 도 아님을 말해 주어야 하네.
몸소 훌륭한 진리대로 행하면
이를 바라문이라 이르리라.

404. 棄損家居 無家之畏
기 손 가 거 무 가 지 외

少求寡欲 是謂梵志
소 구 과 욕 시 위 범 지

집과 머물 곳을 버리고도
집에 대한 두려움이 없어야 하네.
구하는 것이 적고 욕심도 작아야
이를 바라문이라 이르리라.

405. 棄放活生 無賊害心
기 방 활 생 무 적 해 심

無所嬈惱 是謂梵志
무 소 요 뇌 시 위 범 지

살아있는 생명은 방생해 주고
적대감이나 해칠 마음이 없어야 하네.
번뇌할 만한 바가 없게 되면
이를 바라문이라 이르리라.

406. 避爭不爭 犯而不慍
　　　피 쟁 부 쟁　범 이 불 온
　　　惡來善待 是謂梵志
　　　악 래 선 대　시 위 범 지

다툼은 피하여 다투지 않아야 하고
침범을 당해도 성내지 않아야 하네.
악(惡)하게 해도 선(善)하게 대해야
이를 바라문이라 이르리라.

407. 去淫怒痴 憍慢諸惡
　　　거 음 노 치　교 만 제 악
　　　如蛇脫皮 是謂梵志
　　　여 사 탈 피　시 위 범 지

음탕함과 성냄과 어리석음,
교만함과 같은 모든 나쁜 버릇을 버리게나.
마치 뱀이 허물을 벗듯이 해야
이를 바라문이라 이르리라.

408. 斷絶世事 口無麤言
　　 단 절 세 사 　 구 무 추 언
　　 入道審諦 是謂梵志
　　 입 도 심 제 　 시 위 범 지

속세의 일은 끊어 버리고
입으로 추한 말이 없어야 하네.
도(道)에 들어가 진리를 살피어야
이를 바라문이라 이르리라.

409. 所世惡法 修短巨細
　　 소 세 악 법 　 수 단 거 세
　　 無取無捨 是謂梵志
　　 무 취 무 사 　 시 위 범 지

세상을 사노라면 악법이라도
짧거나 크거나 가늘거나 닦아야 하네.
취할 것도 없고 버릴 것도 없어야
이를 바라문이라 이르리라.

410. 今世行淨 後世無穢
금 세 행 정 후 세 무 예

無習無捨 是謂梵志
무 습 무 사 시 위 범 지

금생에 청정하게 행하면
후세에는 더러움이 없게 된다네.
익힐 것도 없고 버릴 것이 없어야
이를 바라문이라 이르리라.

411. 棄身無猗 不誦異言
기 신 무 의 불 송 이 언

行甘露滅 是謂梵志
행 감 로 멸 시 위 범 지

몸을 버리거나 탄식할 것이 없어야 하고
다른 말은 외우지 않아야 하네.
수행하여 감로로 "번뇌가" 멸해지면
이를 바라문이라 이르리라.

412.

於罪與福 兩行永除
어 죄 여 복 양 행 영 제

無憂無塵 是謂梵志
무 우 무 진 시 위 범 지

죄와 더불어 복에도
몸과 마음으로 수행하여 영원히 억제하도록 하게.
근심도 없고 티끌에 물들 일도 없어야
이를 바라문이라 이르리라.

413.

心喜無垢 如月盛滿
심 희 무 구 여 월 성 만

謗毀已除 是謂梵志
방 훼 이 제 시 위 범 지

"수행하면" 마음이 환희(歡喜)로 때가 없다네.
마치 달이 가득 차오르듯이…
비방과 헐뜯음을 이미 억제할 수 있다면
이를 바라문이라 이르리라.

414. 見痴往來 墮塹受苦
    견 치 왕 래 타 참 수 고

    欲單渡岸 不好他語
    욕 단 도 안 불 호 타 어

    唯滅不起 是謂梵志
    유 멸 불 기 시 위 범 지

어리석음을 보고도 왔다 갔다 하다가는
구덩이에 떨어지는 고통을 받게 된다네.
피안으로 건너가고 싶거든
다른 말은 좋아하지 말게나.
오직 "번뇌를" 멸하여 "망상이" 일어나지 않아야
이를 바라문이라 이르리라.

415. 已斷恩愛 離家無欲
이 단 은 애 이 가 무 욕

愛有已盡 是謂梵志
애 유 이 진 시 위 범 지

이미 은애하는 마음을 끊어 내고
집을 떠나 욕망이 없으며
애욕이 이미 다했다면
이를 바라문이라 이르리라.

416. 한문 자료 미상(漢文資料未詳)

417. 離人聚處 不墮天聚
이 인 취 처 불 타 천 취

諸聚不歸 是謂梵志
제 취 불 귀 시 위 범 지

사람들이 취향하는 곳을 떠나야 하고
하늘이 취향할 만 한 점에도 떨어지지 않아야 하네.
모든 취향할 만 한 것에 돌아가지 않아야
이를 바라문이라 이르리라.

418. 棄樂無樂 滅無熅燸
기 락 무 락 멸 무 온 유

健違諸世 是謂梵志
건 위 제 세 시 위 범 지

즐거움을 버려서 즐거워하는 것이 없어야 하고
"번뇌를" 멸하여 미지근한 열기도 없어야 하네.
씩씩하게 모든 세간의 "욕망을" 거스르면
이를 바라문이라 이르리라.

419. 所生已訖 死無所趣
　　　소 생 이 흘 사 무 소 취
　　　覺安無依 是謂梵志
　　　각 안 무 의 시 위 범 지

소생하든 "번뇌가" 이미 다하고
"욕망이" 죽어서 하고 싶은 바도 없어야 하네.
깨달아서 편안하니 의지함이 없어야
이를 바라문이라 이르리라.

420. 已度五道 莫知所墮
　　　이 도 오 도 막 지 소 타
　　　習盡無餘 是謂梵志
　　　습 진 무 여 시 위 범 지

이미 오도(五道)에서 제도(濟度)되었다 해도
"장차" 떨어지는 바는 알 수 없다네.
습기(習氣)가 다하여 남은 것이 없어야
이를 바라문이라 이르리라.

421. 于前于後 及中無有
우 전 우 후 급 중 무 유
無操無捨 是謂梵志
무 조 무 사 시 위 범 지

"진리란" 앞이나 뒤나
아울러 그 중간에도 있을 수 없다네.
잡을 것도 없고 놓을 것도 없어야
이를 바라문이라 이르리라.

422. 最雄最勇 能自解度
최 웅 최 용 능 자 해 도
覺意不動 是謂梵志
각 의 부 동 시 위 범 지

가장 사내답고 가장 용감하다는 것은
능히 스스로 벗어나는 것이네.
깨닫고자 하는 의지가 움직이지 않아야
이를 바라문이라 이르리라.

423. 自知宿命 本所更來
자 지 숙 명 본 소 갱 래

得要生盡 叡通道玄
득 요 생 진 예 통 도 현

明如能默 是謂梵志
명 여 능 묵 시 위 범 지

스스로의 숙명(宿命)을 안다 해도
본래의 이 땅으로 다시 올 수 있다던가?
요체(要諦)를 얻기 위해 삶을 매진해야 하고
도의 현묘(玄妙)한 뜻을 밝게 통달해야 하네.
"도를" 밝히고도 능히 침묵할 수 있다면
이를 바라문(婆羅門)이라 이르리라.

법구경(法句經)

ⓒ신흥식, 2015

1판 1쇄 인쇄_2015년 10월 20일
1판 1쇄 발행_2015년 10월 30일

역주자_신흥식
펴낸이_홍정표
펴낸곳_글로벌콘텐츠
       등록_제25100-2008-24호

공급처_(주)글로벌콘텐츠출판그룹
       편집_김현열 송은주 **디자인**_김미미 **기획·마케팅**_노경민 **경영지원**_안선영
       주소_서울특별시 강동구 천중로 196 정일빌딩 401호
       전화_02) 488-3280 **팩스**_02) 488-3281
       홈페이지_http://www.gcbook.co.kr

값 18,000원
ISBN 979-11-5852-060-1 03220